U0024873

博士教你相昇

風形吉凶

劉謹銘 著

找出專屬飛星圖並依照書中傳授的秘訣
就能精算你家風水吉凶

敬獻于

獨力教養我成長的母親

羅丁妹　女士

推薦序一

　　生命充滿了各種不確定感，每個重視自己生命發展歷程的人，都會希冀掌握更多關於自己的生命訊息，各種命理就是因應此實際需求而發展出的體系學問。這些命理體系大多淵源久遠而內容深奧複雜，而其傳承學習過程又常帶些神秘性，因此有機會修習命理而一窺堂奧的人實在不多，能精熟通達者更是少數。但是社會上又充斥著眾多命理師，可想而知其中必定良莠不齊而難辨。

　　每個人或多或少都曾有過諮詢命理師的經驗，對命理的印象也就跟其諮詢的命理師的水準有極大的關係。有些命理師以誇張言詞來擾動當事者心緒，甚至有對當事者加以恫嚇，要其以錢作法消災以求快速改變命運，這樣的命理師當然不是知命達理之人，更不夠格為人指點迷津。

　　一個好的命理師除了要有嫻熟的知識，更要宅心仁厚，知道其工作是提供相關的生命訊息供當事人參考，以期對當事人生命現況有所啟發，讓當事人能做出比較適當的生命規劃與抉擇。這樣的命理師當然為數甚少，我的多年好友謹銘君就是這樣一個知命達理、宅心仁厚的命理師。

　　謹銘君的博士論文是研究《易經》。《易經》是集天道、人生哲理、命理、算命術大成深奧之書，謹銘君的命理根基當然深厚而正統，他後來又有奇緣遇到傳奇命理大師的指

引，使他能將理論命理與實際算命術加以結合，據我所知，他並未將其師之算命術照單全收，而是以他自己的深厚學術根基以及實際算命的案例加以擷擇與改良，因此他也漸漸有自己成一家之言的體系了。

　　我很幸運能有這位具命理師身分的好友，能在我需要的時刻恰當地為我指點迷津。我的妹妹在面臨工作、感情的抉擇時，也會向謹銘君求教。她也介紹她朋友去向他諮詢，大家都說他與印象中的江湖術士截然不同，大家都認為謹銘君是位真誠樸實又能準確分析預測的命理師。今日謹銘君願意將他的心得成書與大家分享，我很榮幸能為他寫簡短的介紹文，更樂意將這本書推薦給對命理有興趣的朋友。

臺灣大學哲學博士

王建智　於嘉義　2015/6/18

推薦序二

　　中國古代的「風水」本是指相地之術，就是臨場勘查地理的方法，古稱為「堪輿術」。堪輿的目的是要選擇適合人類居住的場所，避免掉某些地理上的干擾或不良因素，以達到生活的完善境界。

　　中國古代重視風水的記載出現的相當早，《詩經‧大雅》就曾說過：「篤公劉，既溥既長。既景迺岡，相其陰陽，觀其流泉。其軍三單，度其隰原。徹田為糧，度其夕陽。豳居允荒。」公劉為了選擇一處利民富國的居址，遂以日景定經界於山之背脊，勘查陰陽、寒煖是否合適，能否提供充足水源等風水條件，最後才以豳之地適宜禾黍的栽種，足以生長田糧而定居之，可見國都的選擇必須審慎考量各種風水因素，才能有利於國計民生，這同時也顯示中國古代風水強調的是人類與自然環境之間的和諧關係，人應該選擇有利於自己的環境來生活，才能因此而獲得更好的品質與未來。

　　風水與個人的關係更是密切，攸關未來的生計與發展，尤其是在高度城市化的現代社會，想要選擇一處適合家居的處所，更須審慎仔細的考量各種自然環境帶來的影響。明末造園家計成所著的《園冶》一書，已有〈相地〉一章，專門討論勘查選定園址的各種方法，顯示當時已經相當重視家中庭園的建造，因為這會對其家族興衰產生影響。所以陽宅風水

所留意的，除了房屋本身之外，更需一併注意如屋外街道與排水、門位、屋內動線、神位擺放、辦公座位等等因素，須以整體的角度觀察才能選出一處真正適合自己的處所。這件事不但古代中國人很重視，對於現代的臺灣人也有重要的意義。

吾人與謹銘摯友深交數年，每每在與其談話的過程中，深深佩服其對於命理、風水、卜卦諸方面學養之深厚，他對於這些方面的實際運用，更有其獨到且令人信服的地方。謹銘的學術基礎奠基於中國古代哲學的研究，尤其扎根於《易經》的功夫更是令人懾服，一則是謹銘深獲博士指導教授之栽培，二則是本身對於《易經》的濃厚興趣，驅使自己栽入《易經》的世界裡，這股動力源源不絕的推動著謹銘向前精進。

《易經》不但是中國古代爻卦的始祖，更是古代學術的重要基礎，因此他對於命理、風水、爻卦諸方面的運用，有其深厚的學術背景做為根基，不是半路出家的譁眾取寵術士。

近幾年來，謹銘鑽研益勤，求師更為積極，尤其是自己對於人生的問題有更深刻的體悟後，驅使自己投入更多的時間和精神從事研究與實際的操作，遂義務性的在頭份的福德祠擺攤為人解卦消災，這項服務不但替超過千人以上趨吉避凶，更贏得自己對於六爻卦、八字、奇門遁甲、大六壬的不斷專研精進。實際的操作運用，已經為謹銘建立了絕佳的口碑，也釐清了不少社會流俗中的命理盲點，因此在今年初又設立了「博士命理」，想要以充裕的時間，透過細緻的命理諮詢，幫助他人開創幸福的人生，其用心之良善由此可見。

　　謹銘先前已經出版過《王充哲學的再發現》與《博士教你學卜卦這本最快通》二書，現在又將出版《博士教你精算風水吉凶》，顯見其對於中國哲學及其應用的研究不遺餘力。今囑咐吾人為其寫序，實則謹銘對於陽宅風水的知識已遠遠超過吾人，吾人不材，觀其書中內容，皆以實際案例配合風水理論來解釋原委，這十足就是一本理論配合應用的絕佳好書，閱讀之不但可獲得風水知識，又可理解實際的操作，其可讀性之高可以想見，謹銘之用心也可想見。摯友之研究已累積為成果，吾人為其感到高興與欣慰，相信在不久的將來，謹銘必當又有新作出版，以惠讀者。謹序。

朝陽科技大學通識教育中心副教授

陳中龍　於苗栗 2015/6/20

自 序

從一位憂心的父親到專業命理師的故事

老二出生後不久，母親便拿著孩子的資料到鎮上一家有名的相命館批八字，論斷這個孩子的未來。回來後母親告訴我，命理師說孩子以後很會賺錢，但是要儘量晚婚，如果能夠不嫁人最好。小孩是否能賺大錢，作為父親的我，其實並不那麼在意，但是有關婚姻的斷語，卻讓我陷入憂慮，失眠了好久好久。

於是就在我完成博士學業後，買了很多八字命理的書籍日夜苦讀，想要解決原初的困惑。沒想到這個機緣卻打開了我的命理學習之路。但老實說，單靠自己修行，沒有師父引領，始終難以進門，但無奈始終找不到合適的老師。

直到有一天，我在書局中看到一位大陸老師寫的八字書，解開了我八字學習上的許多疑問，我知道我已經遇到尋訪多時的高手，於是在我多次懇切的書信請求之後，老師終於答應教我。就在高人的指點之下，我非常積極地學習各項命理專業知識，並有了長足的進步。

幾年之後，隨著專業知識的增長，心中昇起了以命理服務人群的想法。於是自2010年起，利用每個禮拜六的早上，在頭份鎮上的福德祠，以六爻卦與八字理論，為人免費測事論命。

　　然而，一旦面臨實戰，才發現事情沒有我想像中的簡單。因為在六爻測事方面，我只能回答結果是吉或凶，無法提供更多的細節分析，因此，常常無法滿足求測人的需求。

　　而在八字論命方面也有類似的困境。雖然我可以算準對方在某個流年運氣不好，但卻無法精準說明是那方面壞運，是財運、工作運、還是感情不佳？壞又壞到什麼程度？有些時候，我預測某年對方運氣壞，他回答工作運確實不好，長官常找他麻煩，又犯小人，但是財運不錯，與女友感情也很好……。

　　諸如此類的情形，讓我產生深深的挫敗感，更擔心自己這樣的預測，會給求測人誤導方向，害了對方。在這種強大的心理壓力之下，我幾度沮喪到想要結束福德祠的服務，以免想要助人反而害人。

　　在此同時，我依然努力研究師父教授的各項命理專業知識，在這些理論當中，最難的要數奇門遁甲與大六壬，尤其是大六壬神課，最是艱深難懂。雖然如此，也只有勉強自己硬著頭皮，努力學習。

　　有一天，我突然領悟到，既然大六壬號稱是「術數的百科全書」，又是六爻卦與八字理論的源頭，那麼如果我可以充份運用大六壬的知識，一定能夠提昇預測的水平！有了這個想法後，使我更加聚焦於大六壬的學習上了，而且一旦在六爻卦與八字上有疑惑時，就帶入大六壬的體系中仔細思考，果然，克服了許多疑惑。

　　漸漸的，我在福德祠為人服務時，越來越有自信，不論是六爻卦、八字，以及後來加入的奇門遁甲與大六壬，都能達到

「精準」預測的水平，提取出更多有用的訊息供求測人參考，看著許多求測人感謝的笑容，我充份享受到以命理專業助人的快樂。

如此一來，名聲不逕而走，來到福德祠求測的人也逐漸增多，後來由於求測人過多，導致因為先後順序起了爭執。最後廟方只好仿照醫院，以號碼牌確認問測順序。這時，離我首次到福德祠服務，還不滿一年。而在福德祠前後四年的時間中，我已為數千人次提供了命理服務。

然而，由於求測人數越來越多，因此，每個人頂多只能分配不到十五分鐘的時間。過程中我也只能盡量精簡，將結果濃縮成幾句話來斷卦，根本無法兼看求測人的八字。這樣的問測方式與品質，漸漸的也讓我產生一些莫名的不安感受。因此，如何提昇命理服務的品質，成為我思考的新問題。

我深信，命理之學，可以助人。女兒的論命經驗，更讓我深深體悟到一個命理師對人的影響。因此，在上述問題的考量之下，我決定在2013年成立「博士命理」，目的是以充裕的時間，透過細緻的命理諮詢，為人趨吉避凶，助人開創幸福人生。

前 言

　　筆者接觸風水之學多年，廣泛學習各派觀點，但是，這些學理都無法滿足我精準推斷風水吉凶的要求，直到我接觸到玄空飛星風水之後，才讓我逐漸對於風水產生的實際效應，有了精準的掌握。而這本「博士教你精算風水吉凶」，就是我學習並實際操作風水多年的成果。從風水的觀念、學理、實務綱領到操作案例 毫不保留的寫進本書之中。以下特將各篇章的要點予以說明。

壹、風水真有趣

　　此篇以一般人的風水疑惑做為切入點，透過觀念的闡述，讓讀者瞭解風水學的深刻內涵，並建立正確的觀念，不為坊間一些似是而非的言論所迷惑。

貳、具體的影響：巒頭

　　本篇聚焦於巒頭學的原理，透過各項巒頭意義的釐清，再將重要的形煞透過照片以及解釋予以說明，讓學者入門有

路，迅速掌握巒頭學的內容。

參、抽象的精算：理氣

透過本篇，要為讀者展示如何依據房宅建造的時間與方位，正確地排列出飛星風水盤，以及如何透過風水盤與流年飛星的作用，精算房宅吉凶。

肆、實務綱領

本篇要將如何判斷風水效應的秘訣，以及具體操作的方法予以揭露，讓學習者有綱領可依循，迅速提昇風水判斷與實際操作的水平。

伍、操作案例

在實例篇中，一共有六個風水操作案例。本篇是上述各篇章的實戰大綜合，請讀者遇有不懂之處，立刻翻找前面的內容，補足自己不懂的部份，務必透過此種方法，將每個案例的內容都充份理解，經由這樣的學習方式，必能走向實際的風水操作。

目　錄

壹、風水真有趣

一、形形色色的風水問題

　　當我們走在街上，常常可以發現，在相鄰的店家中，有的店鋪門庭若市，應接不暇；有的店卻門可羅雀，乏人問津。有的不只是顧客稀少，甚至店家凶運不斷，災厄連連。你可曾想過，為何一條街上，隔了不到十公尺，彼此的吉凶差別卻如此鉅大？

　　還有，住在同一個社區，也在差不多的時間入厝，十幾年之後，有的人家進財添丁，甚至購置更大、更舒適的房子，搬離了原來的地方；有的人家則雖然賺錢，但家人身體健康卻始終不好；有的人則是健康沒有問題，卻破財連連，生活不寬裕；更有的家庭不但經濟出現問題，成員失和，身體健康也每況愈下。

　　此外，巒頭惡煞，犯之則凶。然而在現實生活中，確實也有很多的房宅都面臨到諸如路沖、劈刀等凶惡的巒頭。但是，同樣犯煞，有些人安全無恙，有些人卻大小禍事連番而來。而且，在這些出事的例子中，有人是手腳受傷；有的人發生血光之災；有人是夫妻失和；有人是身患疾病；有的人是婆媳勢如水火；有的卻是家人罹患絕症而亡。這些不吉的巒頭效應，包括吉凶的程度，為何差別如此之大？上述這些現象，充斥在

我們四週，只要你用心觀察，不難發現。

　　就風水學理言，同一批蓋好的房子，兩對面的房子，由於坐向不同，因此產生了吉凶不同的宅運，就這點言，相信風水之說的人多半能夠理解。然而，同一個方位，同樣形式，甚至內部格局完全相同的房子，在2003年和2005年蓋好，卻有截然不同的宅運，就好比相隔一天出生的兩人，存在著不同的命運一樣。這樣的觀點，似乎就讓人難以接受，但這卻又是千真萬確之事。

　　透過玄空飛星風水，可以像八字批命一樣精算陽宅命運吉凶，而上述這些難題，只要讀者們能夠潛下心來，仔細研讀本書，保證最後都能迎刃而解。

二、風水之效應

　　一般人面對風水的態度，不外乎二種，即肯定或否定兩種態度。持否定者認為，根本就不存在風水這回事，這些只不過是虛妄的迷信罷了。舉凡在生活上出現破財損丁等不順利的事件時，他們都不認為是住家風水出了問題，因此，也就壓根不會想要在風水上找答案。以不相信風水之說的人來說，其中泰半因為心存排斥，終身未曾接觸過風水，這種人所抱持的信念，實際說來是未經驗證的。

　　而在對風水之學持肯定態度的人當中，相信風水的程度，差別亦不小，一種是篤信風水之術，只要與房子有關的事項，一定要找風水師幫忙，以決定此宅風水好壞，住進去之

後是否能丁財兩旺。另外一種人,則是在「寧可信其有」、求心安的心態下,找風水師鑑定、佈局。最後一種人,平日對風水並無特定看法,而是在生活方面出現種種不順利之事,或是重大凶災之後,在親人朋友的規勸下,才會找風水師來處理風水方面的問題。

然而,就在這些持肯定態度的人當中,不少人找過風水師看過風水,有時甚至找過好幾個風水師,看過宅第風水。在這些人之中,肯定有不少人,在看過風水之後,改善效果不佳,或說根本沒有感受到效果,因此,對於風水之學究竟能發揮何種作用,確實也說不上來。

筆者認為,風水師的素質良莠不齊,是造成風水效果不彰,最根本的原因。常聽到有些人去學了幾個月的風水,僅僅懂得一些巒頭方面的粗淺知識,竟然就堂而皇之的開館為人看風水了,這樣速成而水平有限的風水師,為人所佈局的風水設計,其效果當然也就不言可喻了。

當然,不可諱言的是,風水諮詢師與其它職業的不同之處,在於缺乏執照的認證。以致於在判斷風水師的優劣上一事上,比起其它行業而言,更無客觀標準,更難認定。

因此,一般人面對風水之學,始終是信者視為重要之事,不信者斥為迷信邪說。除了每個人的信念不同外,自己及親友看風水的經驗,也是重要原因。但於此同時,風水這個行業卻依然歷久不衰。如果僅以迷信來定位,恐怕亦難以令人信服。

三、一命二運三風水

　　古人認為影響一個人吉凶的五大因素，由其輕重次序排列分別是「一命，二運，三風水，四積陰德，五讀書」。古人所云，絕非虛假，筆者在為人進行風水佈局的實戰經驗中，對此可謂深有體悟。

　　曾有幾次的經驗，筆者為人操作風水，過了一段時間，當事人回饋，調整的各個部份都如當初我所言的應驗了，唯獨夫妻之間爭吵的情形，並沒有根本性的改善，只是次數沒有那麼頻繁了，爭吵時局面沒有那麼不可收拾了。我後來要了夫妻兩人的八字進行分析，發現兩人原本就屬於婚姻不和的八字，因此，縱使透過風水的具體操作，效果卻無法完全地發揮。

　　另有幾次，為人操作風水之後，當事人回饋，各項情況皆有改善，唯獨財運部份，雖然進財方面，是比以前好了不少，但常遭逢一些意外致使破財，因此，總體而言，雖然生活上比較沒有那樣拮据，但實際上能存積下來的錢財實在有限。於是筆者要來本人的八字，發現他現在所走的大運流年，就是處於財運不濟的時期。

　　為何這些風水的實際操作對某些方面功效有限，說得透徹一點，那是你命中所有的定數，風水可以調理，但無法完全改變。故云「一命，二運，三風水，四積陰德，五讀書」、「命裡有時終須有，命裡無時莫強求」。

　　從這個角度來看，風水確實沒有奪天地造化之功，扭轉乾坤之能。因此，想要透過風水的改造，就能完全改變一生命

運的類似想法，無疑純屬虛妄。試想，如果真能這樣，那這些風水宗師們大可為自己設計風水，結果不就個個都成為億萬富翁了嗎？又何須為他人作嫁？明白這個道理，也就知道風水的操作佈局，有其一定的限制。

雖然風水之學不能徹底改變一個人的命運，但是，以玄空飛星風水來說，它不單可以推算出住在這間房子裡的人，過去曾發生過什麼事，它還能推算未來將會產生怎樣的吉凶禍福，這樣的一門學問，就實在不容小覷了。

此外，它雖然沒有辦法讓婚姻不幸的人變成令人羨慕的神仙眷侶，它卻有辦法經由風水佈局，降低兩人爭吵的強度和頻率，增進婚姻生活的品質。它雖然無法讓一個八字財運不濟的人，收入增加數倍，甚至變成富翁，但它卻有辦法透過風水的操作，讓人的財運有所起色，不致於因為財務經濟問題，生活過得那樣辛苦。

一個到了適婚年齡多年的女子，一直缺乏異性的追求，婚姻緣淡薄，則風水的佈局，雖然無法保證她嫁個金龜婿，但卻可以透過五行生剋制化之理，將其桃花調動起來，增加異性緣，助其實現願望。甚至有不少人透過風水的調整，讓生活上的一些諸如心緒不寧、身體健康方面的難題，得以解決。由此可見，風水之學確實能夠讓人生活得更加幸福愉快。從這個角度看，則風水學功效神奇，實可說是造福人群之學問。

於是乎，風水學在現今社會的流行程度，還是不減反增。只是由於生長在科學昌明的二十一世紀，縱使心中不排斥，甚或篤信風水之學，在表面上，通常亦不會公開承認。於

是乎，就形成了一種特殊的現象。

四、秘而不宣的怪現象

　　自從我研究玄學以來，出門在外，常常會看到風水操作的痕跡，尤其是一些生意場所。實則如要你細心觀察，將會發現包括一些醫院、飯館、娛樂場所，早餐店，幾乎可以說，處處可見這些痕跡。

　　這些風水操作的痕跡，包括諸如水晶的擺設、財神的供養、生意場所常常看見的一些轉動的水輪，金蟾蜍、幸運竹，還有臺灣風水師最喜歡用的貔貅，乃至於一些符咒、化煞物的設置，林林總總，不勝枚舉。細心的人一定能發現，有些飯店乾脆以挖水池養魚的方式來增進財運。這是因為在風水學上，水為財的緣故。

　　遇到這些風水操作的痕跡，作為一個研究與實踐者，我常常會客氣的加以詢問。但絕大部份的人，明明篤信風水，也請了風水師看過，卻不敢承認，堅持說沒有。

　　舉例來說，曾在一個診所看到醫生既在櫃檯邊養魚（如果只有一缸魚，我們當然不能遽下此斷言），且在櫃檯邊有一根價值不菲、黃澄色的水晶柱；走進診間，又有一個五十公分高的紫色晶洞，在桌上向著他的座位擺放，一望而知，是請人看過風水的。在我非常客氣的詢問之下，醫師卻堅決否認，說是自己喜歡水晶溫潤的感覺，剛好又有親戚在賣水晶，算他便宜云云……。

　　還有一次到一家早餐店吃早餐，進門的左上方供奉著一尊財神之類的神明；在門外的熱食作業區斜前方又有一對約一公尺高，脖子上纏著紅帶子，開光過的一尊大肚彌勒，正對著生財的煮食區，一望而知風水操作明顯。詢問之下，老板特別笑笑的澄清，那尊彌勒是朋友不要的一個木雕藝品，被朋友棄置在角落，他看了可惜，就把他收了下來，並且隨意找個地方擺放。不僅如此，這老板還虛假地笑了笑說，這樣擺放不知道對不對。

　　一般的經驗大致如此。而在眾多次的詢問經驗中，只有極少數的人願意承認。其中一位開連鎖餛飩店、為人開朗的女老闆。在我客氣的詢問下大方承認，並且說明這是他的公公好意，請他的朋友，也是一名開業的、頗有名氣的風水師為他佈局、擺設的風水物。問她效果如何，她很豪爽的回答，擺設之前與擺設之後，完全感受不到差異。

　　另外有個特殊的經驗是，有次到一個餐廳用餐，一看之下不得了，在櫃檯四週，除了一尊應該是來自於東南亞，外表像大象的神祇，還有中國的催財符咒，一個大的紫色晶洞、一個較小的粉紅色水晶，日本的招財貓，滾動的水輪，含著錢的金蟾蜍，還有一小缸魚，可說是一個大雜燴。細問之下，老板娘告訴我，她本人非常喜歡看有關風水命理的電視節目，只要上面說有助於財運的風水物，她都想辦法買到，置放在櫃檯周圍。難怪，完全不符合風水佈局的法則。

　　然而，為何看過風水的人，絕大部份的人都不願承認呢？原因在於這件事的特殊性質。一個人，會在臉書上分享某一間餐廳，或是某一家蛋糕如何好吃。但就算他對於命理

深信不利，他絕不可能公開承認、肯定甚或推薦。

　　為何只敢做而不敢承認？原因在於現今科學昌明的時代，很多人將命理之學之視為迷信。而一旦表明你相信此術，則往往被不相信的人貼上迷信、不科學的標籤，實有損身份地位。因此，就算相信，就算實際做了，嘴上也絕不承認。於是乎，造成了這樣的結果，上至高學歷的醫生，下至早餐店的老闆，詢問之下，都沒有人肯承認。

　　由於這種現象非常普遍，導致現在有很多的命理諮詢師，紛紛向科學靠攏，打出所謂「科學算命」的名號。以此來擺脫風水命理不科學之印象。

　　舉例來說，有的紫微算命網站直接掛上科學的名稱，號稱他是在測算並且蒐集了數萬人、數十萬張的紫微命盤，經過統計學而得到一些公式與法則，因此，完全符合科學的標準。事實上，同一時間出生的人，以及擁有相同命盤的人，就統計學上沒有差異，但是就實際人生言，卻有大大的不同，此點如何解釋？事實上，以紫微、武曲、貪狼、陀羅等諸星曜來代表人生，進而論斷運勢的模式，兩者的對應關係本身就是非科學的。

　　另有一非常著名的相學家，聲稱人生根本沒有命運一事，而每個人之所以擁有不同的人生際遇，皆導因於每個人遺傳不同。遺傳優良者，其人之健康智慧個性必佳，因此一生命運良好，收穫必多，並且鮮少災疾。但是這種理論，無法解釋，一家眾兄弟姐妹，都是來自同一遺傳資料庫，為何兄弟之中身居高位，甚至重權在握；有人卻作奸犯科，一生令父母傷心……。另外，揆諸現實，多的是一生身體欠佳，疾病不斷，

卻也大富大貴之人，這又該如何解釋？如果沒有命運一事，則諸如六爻、奇門遁甲、大六壬那些卜筮之學全都無著力之處了，事實是如此嗎？從筆者博士命理的網站中，一些實際卜筮卦例中，足以證明上述觀點之錯誤。有興趣的讀者可以上我的網站看看。（博士命理www.ijfate.com）

科學是所有事物有無價值的唯一判準嗎？無法經由科學驗證者，是否即為假，或者就判斷它沒有價值？若按照此一標準，則包括讓人能夠鑑往知來的歷史學、使人深究宇宙造化的哲學、陶冶性情的藝術，乃至於安撫人心的宗教……等等，盡屬無用之物。但事實上，若將這些元素抽空，那將是多麼蒼白乾枯、索然無味的世界呀！當然，任何一事，只要過度了，皆屬沈迷，過份沈迷都不好，萬事皆然，何獨風水一事？

在此，筆者要干冒時代之韙，大聲揭示，風水之學確實不是「科學」，乃是屬於「玄學」的範疇。玄空飛星風水尤其如此，玄妙異常。但縱令如此，並不減損它的價值。確實也只有「玄」之一字得以對於風水之學幽微神妙，卻又真實不妄之情狀，作一最佳的闡釋。而也在我多年為人論命、測事，以及操作風水的經驗後，對於老子所言「玄之又玄，眾妙之門」一語，有了更加深刻的體悟。

五、風水的三大迷思

筆者在風水操作的過程中發現，很多人都存在著幾個迷思。其中之一是認為風水上不論什麼缺失，都可以有化解的

方法，實際上，有些東西不是風水師化解得了的，就以巒頭言，如大的路沖、斜坡泄水之格局、公共設施等等，屬於外在環境，你無法改變別人的建築物，以及河流、道路。因此，面對某些無法改變而且嚴重的情形，最好的方法，就是避開凶煞格局，撤離為宜。

第二個迷思，或者說是謬誤，就是常常有人在奇摩知識站諮詢有關風水佈局的問題。這些人繪製了家中格局的詳細圖表，然後詢問各種有關風水問題，諸如佈局的好壞，魚缸、財神應該放在那裡，如何找尋財位，如何招來桃花等等。

事實上，這樣的問題，除了極少數的門派外，一般具備專業知識的風水師，是絕對不敢貿然回答的。因為這樣子不論是在巒頭或理氣方面，根本無法仔細審視。風水的操作是一門很專業的學問，必須實地拿羅盤測量，根據建造時間，起出風水盤，依風水盤的吉凶來佈局。無法僅憑上述條件去回答問題。因此，這種行為根本是徒勞無功。

第三個迷思，就是某些風水學的化煞開運物，透過電視上一些風水師的加持推薦，吹噓可以治各種煞氣。舉例來說，近年來在電視以及購物頻道出現，由一些風水師推薦的所謂「五行珠簾」，說是一個珠簾融合了五行的作用，因此，不論什麼煞氣，都可以透過某種五行的作用予以解消化除。

試問，世間可有一種藥物，可以醫治千百種病症？我想，稍後有點常識的人，都知道這種藥是不存在的。同理可知，天地間是沒有一種化煞物可以調治各種煞氣的。這都只是人類心理上不切實際的幻想罷了。

除此之外，在風水上還存在著一些奇奇怪怪的說法，徒

然讓人心生迷亂。舉例來說，有人說床不能靠著西方，因為頭頂西方即有歸西之意；又有人說在陽宅上不能有拱門，原因是墓門多作拱形，陽宅設計成拱形，就像人住在墳墓裡一樣。像這些說法，都是不符合風水學理的胡亂連結，實為無稽之談。在風水方面的說法確實很多，其中，開光化煞物的運用，也是一個大家比較容易碰到的問題。

六、論開光化煞物的效用

化煞物需要「開光」的觀念，相信對風水學有興趣，且又常常在網路上流覽的朋友一定不陌生。甚至有時在電視媒體上，也常常看到有風水師在鼓吹這樣的信息。鼓吹這種開光化煞物觀念的風水師，多半具有某種「宗教」，甚至是「法術」的背景，並不是純粹的風水師。

另外，在販售羅盤的網站上，有些人將羅盤的功能說得似乎無所不能，說羅盤能夠鎮煞，能夠制邪。尤其經過老師「開光」的羅盤，功能更是強大。而且說如果感覺羅盤失去神力，還可以送回「原廠保修」，免費重新「開光」。

對於筆者來說，羅盤就是一個測量工具，利於我們在風水操作上，能夠精準地立極定向。除此工具性以外，別無其它功能，更不具備神奇不可思議的「神秘力量」。

然而，在風水師透過各種媒體的推波助瀾之下，號稱在「開光」的神力加持之下的各種風水化煞物，身價立即水漲船高，一個五行珠簾要價五千六，一個外表形似工藝品的所謂

聚寶盆索價一萬六千八，「開光」貔貅一對特惠價八千八百元，幾個水晶石排列成的七星陣，經過「開光」的加持也可以賣到四千八。

這樣的行情，在筆者的眼中看來，簡直是不可思議。說穿了，他們也都知道，這些東西的實際價值不高，然而，一旦加上了風水師「法力」的加持，立刻變成「神物」，不僅僅是一個簡單化煞物而已，因此，每個化煞物會因為風水師法術「道行」的高低而產生不同的作用。

去看看風水的經典著作就會明白，自古以來的風水宗師，從郭璞、楊筠松，乃至於明、清的蔣大鴻、沈竹礽，在其風水巨著中可曾透露過任何有關神力、有關於化煞需要開光的訊息。當然沒有，這些風水學的宗師，無一不是在闡述易學原理，透過易學原理來調理風水。

對照於風水學經典著作，就知道這些無非都是後人加油添醋的把戲罷了。而化煞物會隨風水師「道行」的高低而產生不同效用的說法，就像一個完全相同的止痛藥，由非常有名氣的臺大醫師開出，止痛效果會比地方小診所醫師給的更好。有這種道理嗎？對照一下這個比喻，稍有理智的人一定能夠分辨，上述的說法實在是站不住腳。

說穿了，這些迷思皆來自於一般人對於風水學的範疇以及風水師工作欠缺認識所導致。風水學是時間方位吉凶的學問，道巒頭，說理氣，與神鬼、法術、宗教以及各種超乎現實的神力與靈體無關。

因此，不論是巒頭派，或是理氣派的風水師，他們主要是依據巒頭與理氣的原理，對於宅第的吉凶作一判斷與佈

局，並針對不合理之處，依照風水學理予以化除或調整。

當然，一般人會有這樣的觀念，實際上是來自於許多命理師本身具有宗教信仰或道術的背景，在風水操作時，就將這些內涵融入其中了，以致於一般民眾根本無從分辨。

以比例來說，在臺灣，大概超過三分之一的命相館會兼作收驚、安神等等服務，使得一般民眾分不清楚，以為開光、安神等科儀亦屬於命理師份內的工作，事實上，這是分屬兩個不同的範疇。

在擺放化煞物的時候，目的在於將原有的煞氣化解掉。但是，風水「宜泄不宜制」。亦即在風水學的具體操作上，我們大致上是使用「泄」的方式，而不用強制「剋」剋的方式。因為「剋」就是戰爭，戰爭就有輸贏，縱使能打勝，己方也必然損兵折將。

因此，在風水學的具體操作上，我們針對房宅佈局不合理的地方進行調整，對於某些煞氣，以化煞物加以調理，都是採取這種「泄」的方式。所利用的原理，其背後依然是以五行的生剋制化原理作為指導原則。

水的煞氣用木來化泄，木的煞氣靠火來化，火的煞氣以土來泄除，土的煞氣用金來化除，金的煞氣則以水的力量來解消。因此，總結而言，風水學其實就是一場五行之間生剋制化力量的調整操作，一點都不神秘，沒有神力，更無須依賴開光之神物。

為神像開光，以及有關安神位等科儀部份，這些都屬於宗教的範疇，與風水無關。因此，並非風水師的工作。至於入厝的擇吉，以及就理氣原理，神位應該放在那個位置，才能發

揮主人想要的功能,則此確實屬於風水的範圍。

在實際操作的過程中,筆者常常碰到這種問題。比如說,在為人看完風水之後,求測人常問筆者,上一個風水師經過開光的化煞物要如何處理……等問題。雖然這些工作與風水操作不相關,但是在實際上又常常遇到,因此,讓筆者必須要教導求測人如何處理,讓他們都能「心安」的方法。

筆者會這麼做,也只能說類似開光化煞物的概念深植民心,一般人沒有能力分辨,為了免除解釋上的麻煩,不得已之下,筆者也只好「隨俗」了。然而,真正的風水學問,實不脫以下所言巒頭與理氣之範圍。

七、巒頭與理氣

總體而言,中國的風水學可以概分為巒頭以及理氣兩大派別。兩大派之下,各有許多支派。

巒頭派重視龍、砂、水、穴之學說,屬於形象之學,研究山形水態,環境形勢,以其善惡美醜強弱來斷風水之吉凶,比較具體而易見,且相對而言,並不帶有時間性。

理氣派則重視陰陽五行、八卦九宮的相生相剋之理,比較抽象而難理解。除了環境空間之觀察,更重要的是理氣派強調同一方位,在不同的時間建造,卻會產生不同的吉凶,絕對的帶有時間性。

一般而言,在現今臺灣各種媒體上出現的風水師,一般都不談時間性,因此,絕大部份都屬於巒頭風水師。

　　雖然說不論門派為何，皆不脫巒頭與理氣的範疇。但是，在風水的學習上，派別林立，彼此優劣如何，一般人實在無從判別。更何況縱使同屬某種理論，其中的差別亦不小。以下就以最為基礎且關鍵的「定向」來說明，讀者就能明瞭了。

八、玄空風水各派不同的定向方法

　　上文曾經提及，總體而言，中國的風水可以概分為巒頭以及理氣兩大派別。兩大派之下，各有許多支派。其實，即以理氣派言，大的流派就有所謂的八宅派、命理派、三合派、翻卦派、五行派、玄空飛星等派別。而單以玄空風水來說，自古以來即有「百二十家渺無訣」之混亂局面。因此，縱令在玄空風水一脈而言，就已經是「百家爭鳴，莫衷一是」的局面了，更何況是整個風水學界。

　　以下即以羅盤測量房宅之角度，來說明此一現象。在風水學上，以羅盤測定宅第之坐向，稱之為「立極定向」或「格取坐向」。

　　一般而言，有幾個基本的要求，首先，在測量時，要氣沈丹田，雙腳平肩而立。此外，雙手須保持平衡，持羅盤於胸前位置，高不可過胸，低不能過臍。且以距離房宅三呎左右的位置，站定測量，並以眼睛視羅盤外緣去量度。這些基本要求，可說是「共法」，也就是說，不論門派為何，大抵皆能同意並且遵循。至於接下來如何透過這樣的基本要求來使用羅盤，進而確立坐向，則大有不同了。

在風水學的門派上，筆者屬於玄空飛星一脈。但縱使同屬玄空飛星派，在格取坐向的方法上，一樣是「八仙過海，各顯神通」。以下即以筆者最為崇敬的三位玄空風水名師立極定向之法，來說明此一現象。

這三位風水師均嚴格要求房宅建造之時間，以確認起造之元運。而在量度坐向後，即據此排定玄空飛星風水盤，並依風水盤進行推斷與佈局。但在測量上，卻存在著不小的差異。

其中一位，乃身居香港，以紫微斗數與玄空風水聞名的陳姓老師。他在定極立向問題上，強調要以門為向，但要求在量取坐向時，切勿走出室外，必須進到宅內量度，以定方位。

另外一位，是身居中國東北，精通奇門遁甲、大六壬、四柱、梅花易數的劉姓老師。在此問題上，則強調以陽為向，且以房宅切面為依據，來格取坐向。

最後一位，身居香港，蜚聲國際，以掌相與風水聞名於世的林姓老師。在立極定向問題上，同樣強調以門為向，但要求量取坐向時，以室外之門為基準來進行測量。

以上這三位老師，都是筆者素所崇敬的老師。筆者平日閱讀不少風水的相關書籍，而除了古籍以外，就屬這三位老師的著作，令我獲益最多。

然而，吾人要如何判定一個風水師的優劣呢？很簡單，一個玄空風水的高手，必須具有「憑星斷事」的本領。所謂的「憑星斷事」就像是幫房宅算命一樣。

一間房子，是進財之宅還是敗財之屋？人住進去之後平安與否？身體如何？身體不好，是膀胱不佳，還是呼吸道不

適，乃至於是精神方面不好。

　　總之，推斷的內容，愈合乎現實的狀況，愈為細緻的風水師，在水平上就愈屬於高手級的風水師。反之，推斷內容模糊不清，且與現實不符的老師，即屬於水平低劣之風水師，切莫輕易相信。

　　由這個角度來看，則優質的風水師，其實就是一個房宅的醫師，只是他的任務不在於房屋的結構如何，有無漏水之虞等等的問題，而是要解決圍繞著房宅吉凶禍福所衍生的種種問題。

　　以上所舉例的三位老師，在「憑星斷事」方面的本領，皆臻於上乘。然而，在立極定向的問題上，卻是大相逕庭。同屬玄空飛星一脈尚且如此，更何況風水學界門派林立，故就現實情形論，簡直可以說「一人一把號，各吹各的調」了。無怪乎古人云「風水文章茶，自古少人知」。由此即可見一斑。

九、學習次第與本書的安排

　　由於風水學上充斥著以上的現象，因此，在學習上常常令人無所適從。身為一個教育工作者，筆者深知，在學習風水上，首重理論的正確性，此外，則是學習的方法與步驟。尤其是像風水之學這種充斥著偽學問以及各種門派歧見的學術體系，更容易讓人墜入五里霧中。

　　玄空飛星風水，經過了歷代風水宗師的理論深化以及實務驗證，在學理的正確性上，是無庸置疑的。因此，自明、清

以來，即佔有主流的地位。只是由於理論精微，一般人難以登堂入室，因此，流傳的廣度不及一些理論較為簡單的學派。然而，關於玄空飛星風水學的理論與效果，本人在實戰的經驗當中，深有體驗，因此，才會大力的推介此一理論。

正因為其理論精微，因此，在《博士教你精算風水吉凶》一書的撰寫上，筆者特別重視問題感以及學習的方法與次第。全書以實際操作所需的知識為基準，將一些比較深奧的學理，暫且擱置在一旁，不論是巒頭抑或理氣方面的知識，都是透過這種以實戰為軸心的學習方式，讓有志學習玄空飛星風水的讀者，在最短的時間內，能夠進入玄空飛星風水的堂奧。

至於那些比較深奧的學理，諸如「城門訣」、「收山出煞」、「換天心之法」、「七星打劫」、「零神照神」、「消亡水」、「地運年限」等等，並非不重要，而是如果放在一起講，肯定會造成學習者在思考方面的混亂。因此，本書內容都是在風水操作上最為核心的關鍵學理。目的是要讓讀者在掌握了這些內容之後，就能夠實地進行風水操作。

等到確實理解書中內容後，並且擁有實戰的經驗之後，則可再進一步，透過閱讀玄空風水巨著《沈氏玄空學》，以提昇實力。誠如《沈氏玄空學》所云「夫地理之道，分巒頭理氣，五尺童子均知之。然巒頭不真，理氣無用，所謂皮之不存，毛將焉附者。」因此，唯有形理兼顧，方為風水學之正道。巒頭與理氣就如同飛鳥的雙翼一樣，缺一不可。兩者必須同時兼顧，才是真正的風水之學。

由於風水之學實不脫巒頭與理氣之範疇，因此，本書亦

依循此一區分來進行論述。因為巒頭學說比較具體，相較之下，理氣學問比較抽象。具體者易見，抽象者難明。因此，以下先自巒頭之學說起。繼而說明理氣之說，其次再說明實務之綱領，最後以操作實例統合巒頭與理氣之內容，將風水學知識如何運用，透過具體的案例來讓大家瞭解。

　　企盼透過這樣的編排，使學者在學習玄空飛星風水上更有效率。讓人人都能瞭解玄空飛星風水，進而實際操作風水，只要讀者有耐心認真研讀此書，必定能夠達成此一目標。

貳、具體的影響：巒頭

一、藏風得水

　　對於何謂「風水寶地」的詮釋，各家各派說法不同。然而，不論門派為何，大致上都肯定一個觀點，那就是風水的好與壞，首先必取決於地理環境。風水鼻祖郭璞在其《葬經》中曰：「葬者，乘生氣也。夫陰陽之氣，噫而為風，升而為雲，降而為雨，行乎地中，謂之生氣。」對此，他進一步闡釋云：「氣乘風則散，界水則止。古人聚之使不散，行之使有止，故謂之風水。風水之法，得水為上，藏風次之。」

圖一　山邊的陰宅，四週圍聚，利於藏風

　　因此，不論是陽宅亦或是陰宅，如何找尋到一個藏風兼得水之地，也就成為風水學最為重要的課題。下面用兩張陰宅的照片做一對比，就能瞭解什麼叫做「藏風聚氣」了。（參見照片圖一）

　　由於氣界水則止，事實上，得水有止氣之功，但是氣乘風則散，因此，如果生旺之氣受到風的吹拂則將渙散，是故得水固然重要，還必須要求形勢上不能使生氣受到風之吹拂，以致造成隨風散逸之結果。是故我們在風水上除了得水止氣之外，還要求生旺之氣能夠聚合不散。風勢強勁之地，則顯然不合乎藏風聚氣的風水原則。（參見照片圖二）

圖二　海堤邊的陰宅，各方風勢強勁，不利於聚氣

　　因此，除了四方關攔之外，穴位前方，最宜有一寬闊之處，得以讓生氣止蓄於此，此穴前之地，即風水學上所謂的「明堂」，主要作為納氣之用，即將附近之氣予以收聚，進而輸送到穴位，能為我所用。因此，在風水學上，明堂亦非常重要。

　　古人認為合理上佳的居住環境，一般都是山環水抱的形勢，最符合「藏風聚氣」之原則，即前方有水，後有靠山，左右有護衛之形勢。因此，像某些高出其它樓宇的大樓，在形勢上鶴立雞群，犯了孤高之弊，八方都無遮擋，承受了八方之風的不斷吹拂，不符合風水上「藏風聚氣」之原則。

　　對此環境，郭璞申論云：「蓋噫氣為能散生氣，龍虎所以衛區穴。疊疊中阜，左空右缺，前曠後折，生氣散於飄風。」因此，就巒頭形勢的配合上，最佳的風水寶地是前後左右方皆有關攔，沒有空缺，如此一來，方能使生氣凝聚。此即《雪心賦》所謂「八門缺，八風吹，朱門餓莩。四水歸，四獸聚，白屋公卿。」之意，而根據此一要求，則在風水學上，對於前、後、左、右等等的形勢，產生了進一步的理論延伸。

二、前後左右

　　古人將一個穴位的前、後、左、右四個方位，分別以天上星宿名稱來稱呼，即穴位之左方為青龍，右方為白虎，前方為朱雀，後方為玄武。此亦稱為「四靈」或「四靈獸」。不論

宅第具體方位為何，皆以人之背後為坐方，正面為向方，以上述方法來區分。故郭璞在《葬經》中曰：「地有四勢，氣從八方。故葬以左為青龍，右為白虎，前為朱雀，後為玄武。玄武垂頭，朱雀翔舞，青龍蜿蜒，白虎順俯。形勢反此，法當破死。」由此可見，在風水上對此四方形勢，有很高的要求。

　　進一步發揮，則後為玄武方，為靠山，引申為後臺的支持力量，主父母、長輩、上層人士等加持於你身上的力量。前面的朱雀方，即明堂之處，為一個人的前景，主一個人的未來發展。左邊為青龍，右邊為白虎，代表了朋友、同學、同儕、助手等等的人際關係，所帶來的襄助力量。（參見照片圖三）

圖三　房子建成後，前後左右的格局，各有其代表意義

　　就明堂言，要以廣闊、整齊明淨為佳，也就是前方除了廣敞開闊以外，最好能夠保持整齊乾淨，忌雜亂無序，尤忌堆疊一些無用的、甚至是有氣味的東西。這些對於整家人的運勢前景都有不良的影響。（參見照片圖四）

圖四　明堂雜亂無序且有不良氣味，影響前途運勢

　　以後方來說，則後方即所謂的玄武方，宜有靠山。在陰宅就是來龍有氣，在陽宅則是後有高樓或山。後有靠山，則能得到父母的助益、長輩的眷顧，長官之提攜等等的效應。反之，如果玄武方無靠山，則在運勢上比較欠缺父母長輩，乃至於長官的助力，多為白手起家之形態，凡事只能依靠自己的努力。

　　此外，青龍與白虎，也就是房宅的兩旁。如果房宅所在之處地勢左右不平，則造成青龍白虎強弱有別。這種情形並不少，最常見的形式就是房宅建構在一斜坡路上，且面向馬路而建，例如臺中市的中港路兩旁的房宅，就屬於此種地勢。因此，建於此種斜坡路上的房子，若非龍強虎弱，就是龍弱虎強。（參見照片圖五）

圖五　地勢傾斜，龍虎不相稱的房子

　　除此之外，地勢平坦之處，則龍虎強弱之判斷乃是依據左右兩方之高低、大小、長短、多寡、遠近等等作為標準來衡定。以陽宅言，則所謂的「高低」，是指在其它條件相同之下，在自己房子左右兩邊宅第的高度，如果是左邊高於右邊，

即屬青龍強而白虎弱；反之，若是右邊高於左邊，則是虎壓龍。

如果房子與其它房宅連接在一起，兩邊宅第的高度又相當，則此時要以「長短」為標準。所謂的「長短」，指的是左右兩旁毗連的房子長度，左邊房宅整體長度長於右邊為龍壓虎；反之，若右邊房子的總長度較長，則為虎欺龍。（參見照片圖六）

圖六　圖左、中、右的房子分屬龍壓虎、龍虎對稱、虎欺龍之格局

如果自己房宅是獨立的建築物，則要以「多寡」、「大小」、「高低」、「遠近」等條件來判斷。舉例來說，如果右邊的房宅多於左邊，則屬白虎強而青龍弱；反之，若是右邊房

子數量上不及左邊，則為龍強而虎弱。又如果說數量上無法判別左右兩邊的強弱，此時，則靠自己房宅近的力量較強，距離較遠者力量較弱。（參見照片圖七）

圖七　雖左右各有一宅，但依高低條件來看，則為虎強龍弱之格局

在傳統風水學上，又將青龍與白虎，賦予多重的意義，例如在風水上，龍虎亦代表男人與女人，青龍方主男，白虎方主女。因此，一般而言，如果住進白虎強而青龍弱的房宅之中，則女主人容易比較強勢；反之，則男人掌權，凡事男主人說了算。而在上述各種龍虎判斷的方法中，又以房宅本身地勢高低的影響最大。以上述的中港路來說，又以一樓的影響為最大。

　　此外，亦有不少風水師以青龍方主貴人；白虎方主小人。青龍為吉；白虎為煞。因此，如果住進白虎方強過青龍方的房子，則比較容易犯小人。更有甚者，有不少風水門派更根據此一龍虎的區分，進而衍生出一些具體的操作方法，諸如青龍方宜熱鬧，白虎方宜安靜等等。因此，在佈局上，則將具有動態之物，如各種電器，安置於青龍方；而將一些不動的，例如櫥櫃，置放於白虎方。事實上，筆者認為，上述學理太過粗略，實則在風水上，「龍虎對稱」方為上乘的格局。而在實際的佈局上，則必須進一步結合玄空飛星來安排。

三、適度為宜

　　在申論完房宅前後左右的格局之後，還有一點在巒頭學理上非常重要的觀點，那就是凡事過猶不及，不能過頭。就明堂言，雖以廣敞開闊為吉，但是如果太過開闊而無關攔，則犯明堂散蕩的毛病。因此，不論是明堂狹隘或是太過開闊無收，皆有弊端。在巒頭上，過猶不及，適度為宜。

　　以後方來說，則玄武宜有靠山，後有靠山能得長輩之助。但如果後方高樓過高，則會對於房宅造成逼壓之情形，一般而論，則造成宅中之人運勢施展不開，甚或在各方面受制於長輩、長官的意見。（參見照片圖八）

圖八　後方大樓高於宅第太多，容易有受制於長輩的問題

　　以左右兩邊的青龍白虎言，則青龍與白虎兩者如同護手一樣護衛著房子，不能高過房子，如此一來，才是最佳的格局。如果明顯高、大過自身房宅甚多，則不但無法在人際關係上得到助益，反倒處處受到掣肘。如果此龍虎之高處有惡煞之飛星飛臨，則其凶更甚。

四、山與水

　　《青囊序》云：「山管人丁水管財，此是陰陽不待言。」
《青囊序》又云：「山靜水動晝夜定，水主財祿山人丁。」故
而在風水學理上，山管人丁，水管財祿。因此，想要調整人丁
時，則重點在研究與山相關之學理；想要調整財祿時，則重點
在研究與水有關之法則。此外，以玄空飛星風水言，則以左
方山星代表人丁，以右邊水星，亦即向星來代表財祿，其理亦
同。這部份待理氣篇再進一步闡釋。

圖九　高者為山，低者為水，房舍為山，馬路則要當水來看

　　玄空風水綱領《陽宅三十則》開宗明義，第一則「城鄉取
裁不同」就論及山與水的區分問題。即所謂「鄉村氣渙，立宅

取裁之法，以山水兼得為佳；城市氣聚，雖無水可收，而有鄰屋之凹凸高低，街道之闊狹曲直。凹者、低者、闊者、曲動者為水；直者、凸者、狹者、特高者為山。」歸結而論，則可以穴位為基準，「高一吋兮為砂，低一吋兮為水」。（參見照片圖九）

因此，舉凡江、河、湖泊、水庫、水田、井、池塘、水溝等等，當然屬於水，實際說來，舉凡馬路、巷道、低窪之處，空曠之平地，只要低於穴位，皆應以水視之。反之，只要高過穴位者，即應以山視之。因此，就現代城市言，則宅第之旁的高樓大廈、其它房子，都屬於山；門前的馬路、平坦之地、活動之處等等，都屬於水。

根據山水區分之原理，則在風水的實際操作上，舉凡在房宅外頭建造水池、噴泉，在室內利用魚缸養魚，設置風水輪，乃至廚房水龍頭的來水處之佈局，無一不與財祿的調整有關。因此，當外部巒頭之凶煞與水有關係時，例如犯捲簾水、反弓水、水路傾瀉等等凶惡形煞，都將對財祿造成惡劣的影響。

五、秀與惡

周圍地理環境，除了符合上述前後左右的條件，並且符合適度之標準外。不論是山或水，其秀與惡亦十分重要。什麼是山形水勢的「秀」與「惡」呢？以玄武方靠山為例，設若後方雖然有適宜高度的山做為後靠，但卻被人為開挖或是自然的土石崩落，造成山上處處巉巍、尖突之石外露，不復青翠秀

麗，則靠山變成了惡山，則此靠山轉為惡煞，反而不吉。

又或是房宅後方有高樓作為靠山，但此高樓上卻有尖銳之角或是三角形之火形煞，沖射自己的房宅；又或是後靠的高樓採用玻璃圍幕外牆，當太陽光照在其上時，強烈的反光照射在自己的房宅上，形成了「光煞」。配合玄空飛星來看，則反光之處，若是吉旺之飛星，則無甚危害；但若是凶煞之星飛臨，則引動此星曜將產生不良的影響。不僅玄武方，其它青龍、白虎等方位亦然。因此，在實際操作風水時，必須仔細觀察思考周圍形勢的「秀」與「惡」。

「山」必須分別「秀」與「惡」，「水」亦同理。前方有水流經過會聚，若是水質清澈且氣味清新，則此水屬於「秀水」，於財祿方面為上吉。然而，此水若為工廠所排放之廢水，或是垃圾穢物漂流，如此不但水質污濁，且帶有腥臭之氣味，則此水即為臭穢之「惡水」。因此，非但沒有財帛之利，反而於財有害。

馬路到處凹凸不平、坑坑洞洞，碎石、亂石處處，亦同臭穢之水。因此，當有些人在室內利用魚缸養魚，乃至設置風水輪，想要催旺財帛，卻往往忽略此點，導致有些魚缸水質不好，造成魚隻狀態不佳，甚至常有魚死亡；風水輪中的水亦經年累月不更換，造成水質惡化。

另外，有些人則在在房宅外頭建造水池，而水池卻長時間不加以維持，導致水質產生優氧化的現象，乃至於長出青苔，發出惡臭，這些情形，都將使「秀水」變成「惡水」。此點在風水學上甚為關鍵，想要透過水來調理財祿的人，千萬不能等閒視之。

六、水　法

在風水學理上，山管人丁，水管財祿。而人的生活品質，
又與自身的經濟條件高度相關。因此，世間無人不愛財，於
是，在風水操作上，財祿一事成了重點中的重點。而且就效
應言，兩者相較而論，山為靜態，水為動態，因此，應事速度
較快。故《雪心賦》云「水之福禍立見，山之應驗稍遲。」因
此，風水師對於水的相關研究都非常重視。

而在風水的相關經典中，對於不合於理法的凶水所帶來
的重大影響，都申言再三，如《雪心賦》即謂「捲簾水現，入
舍填房。」所謂入舍者入贅之意，不論是入贅或是嫁作填房，
都意謂著自己家境不好，才會走到這種境地。可見「水」對於
運勢實具有重大的影響。

如前所述，水必須是「秀水」，而非「惡水」。所謂「澄
清出人多俊秀，污濁生子多愚鈍。」（《秘傳水龍經》）可見
水之秀惡，不但影響財運，也對人丁有所影響。

就巒頭學言，宅第所在之處，宜有來水口與去水口。來
水之處，在風水學上稱之為「天門」，去水口之處稱之為「地
戶」。《雪心賦》云：「水最關於禍福，水宜合於圖經。所忌
者水尾源頭。所戒者神前佛後。」所謂的「水尾源頭」，就是
在這個條件上，有所不足。一些所謂的死巷子，就屬於此種
財運不利的格局。

關於水之吉凶，巒頭巨著《雪心賦》總結云：「論山可
也，於水何如？交、鎖、織、結，四字分明。穿、割、箭、
射，四凶合避。」所謂「交」，指兩水的交流相會；所謂的

「鎖」，指的是水流走之處，有形勢關攔，緊密如鎖一般；而「織」字則是指水勢迂迴曲折，如梭子織布一般；「結」字則指的是水能夠有所停蓄。此乃水之吉者。

而所謂的「穿」，是指水斜穿明堂，直竄而過，勢急且促；所謂的「割」，是指水太近於穴位，風水上又稱之為「割腳水」，「箭」則是指水直流而去，有如射出去的箭一樣，「射」意指水當心直沖而來，或是沖射左右兩脅，就如同當面有箭射來一樣。此乃水之凶者。

筆者曾經在渡假時，住進南投縣一個佔地非常廣大的生態渡假園區中。而在這個渡假園區中，筆者就見到了古籍上所記載的「穿水」。在這整個生態園區當中，有一條匯集山上泉水的溝渠，水勢不小，其路徑恰好從中間貫穿整個園區，這種水屬於凶水。（參見照片圖十）

圖十　山上泉水，源源不絕對穿園區而過，此即古籍所記載的「穿水」

　　蔣大鴻《秘傳水龍經》對於水法言之最詳。其中有云：「自然水法君須記，無非屈曲有情意。來不欲沖去不直，橫不欲反斜不急，橫須遶抱及灣環，來則之玄去屈曲。澄清淳畜甚為佳，傾瀉急流有何益。」

　　綜合以上經典所言，可以歸納出幾個要點，以水路言，忌硬直而喜屈曲。因此，來路最喜「之」字形或是「玄」字形，但更深入地說，曲水可分為二種，房宅前有路作環繞狀，在風水學上謂之「玉帶環腰」，此種腰帶水，則應財源廣進，越積越多；與此相反，宅第前臨路，狀似反弓，則在風水學上稱為「反弓水」，應財運越來越差，入不敷出。

　　此外，在風水學上，水以有情為上，因此，有些沒有停蓄、車速甚快的馬路，水勢湍急，屬於無情之水，對於財帛而言，亦甚為不利。再者，忌水直瀉而去，不蓄聚於明堂之前，亦屬無情之水，不吉。尤其有些傾斜之地，水勢傾瀉，就水言也屬於凶水。因此，在一些地勢不平之地，水不止蓄，於財運上非常不利。至於很多房宅猶如下臨懸崖一般，當然也更加不利於財了。

　　此外，水忌沖射，不論當頭或射脅皆不好，尤以直射宅第為最凶。直路當頭直沖，在風水學上謂之犯「槍煞」，直路自左右兩邊射來，則稱之為「插脅水」。簡而言之，就是一般所謂的「路沖」。當然，進入更為精微的層次，就玄空飛星風水言，有所謂「沖起樂宮無價寶，沖起囚宮化作灰。」之說法（《天元五歌‧陽宅篇》）。也就是說，沖的結果有時非常凶惡，例如受沖之飛星組合是凶煞之組合，則將招來凶惡的結果。

　　但有時，雖居路沖亦不為凶，舉例來說，在七運時，受沖之處的雙星組合為雙7，此破軍七赤在七運時屬生旺之星，因此，不但不凶，甚至能有丁財雙至之喜。但是，如果加入了時間的因素，又將產生不同的變化，當時序一進入八運，也就是2004年之後，七運就退氣了，到了九運，則成為死煞之星，此時，七赤破軍星的凶星，受到路沖的沖動，勢必會有不好的效應。

　　此外，除了原局的飛星組合外，每年的流年飛星都不同，當凶煞的飛星飛臨該處，則難免引發凶災。因此，在路沖的部份，除了飛星組合以外，還必須考量流年飛星的具體效應。而由於一般人實在很難掌握精微之學理，因此，通常在選擇上，會將路沖的房宅視為不吉，亦有其道理在。（飛星方面的學理請參見理氣篇）

　　總之，就水法言，最好的形勢就是，秀水屈曲有情、又能圍聚於明堂之前。再透過玄空飛星風水之學理，乘旺開門，將此生旺之氣引入宅第，則必能達致財祿豐隆之格局。

七、宅貴方正

　　有些風水門派主張，當陽宅前後寬窄不一時，則前寬後窄為凶；前窄後寬的房宅為吉。其理由於在於前窄後寬象徵人在住進去以後能夠先苦後甜，生活能夠越來越好，前途越來越光明；反之，則前景不佳，越走路越窄。

　　筆者則認為，不論是前窄後寬，或是前寬後窄，都非吉

宅。屋形四周以完整無缺為吉，因此，人所居住的宅第，本身的幾何形式，以長方形抑或方形為上佳，即一般所謂的方正格局，切忌標新立異。且以長方形來論，則以前後長而左右短較好，不宜前後短而左右長，因為，前後長左右短的長方形宅第，在形勢上比較利於藏風聚氣。

　　以幾何圖形言，宅形以方正格局為佳，非方正格局的房宅，其缺點除了在內部佈局上比較不利之外，基本上，房宅九宮的分佈必定不均勻，故或多或少都會產生宅氣不平穩的情形，因此，宅第的歪邪、畸形，必然會影響居住在此宅中的人，造成其運勢不穩定、波折多。房子越是歪邪，不穩定的情形就越嚴重。（參見照片圖十一）

圖十一　　形狀極不方正的房子

　　另外，由此宅第形狀所衍生的問題是缺位或多出之問題。缺位的部份為氣數不足；多出的情形為氣數亢勝。前面已經提過，在風水學上，適度為宜。因此，不論是缺位或是多出的情形，均屬不吉。至於應在何人身上，在巒頭上，則可依據缺位或是多出之部份在那個宮位來判定。以下列子山午向的房宅來論，如果右後方缺位，以圖表示如下：

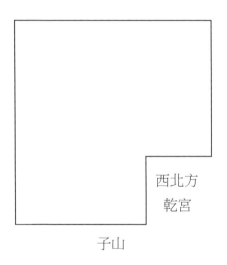

西北方
乾宮

子山

　　以此例來說，則西北方為乾宮位置，乾宮在人物的對應上，主父親或是年老的男人，因此，以家中的父親或是年紀較大的男人影響最大。此外，還有生肖屬狗（戌）和豬（亥）的人，年命在乾宮位置，也會受到影響。這些人由於氣數不足，身體健康以及運勢方面，都會比較差。相反的，如果是房宅在西南方坤宮多出一部份來，則情形如下圖所示：

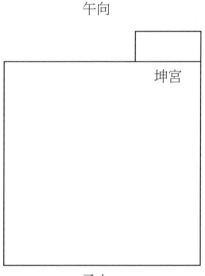

午向

坤宮

子山

　　以此例來說，則西南方為坤宮位置，坤宮在人物的對應上，主母親或是年老的女人，因此，以家中的母親或是年紀較大的女人影響最大。此外，還有生肖屬羊（未）以猴（申）的人，由於年命在坤宮之位置，因此，也會受到影響。這些人由於氣數亢勝，比較容易發生血光或是意外傷害，除此之外，在身體健康方面，較容易產生腫塊、腫瘤。

　　在此必須說明，所謂的長女，指的是家中排序第一位的女兒，即使在她之上仍有兩個哥哥，她依然為長女。所謂的長女、中女、少女的身份，完全是依照女性姐妹的角度來排列稱呼；長男、中男、少男之意義亦同，是依照男性兄弟的排序來稱呼。

　　另外，九宮卦位亦可以年紀，大致上予以定位。依年齡

言，則乾為男性老人，坤為女性老人，此兩者較無疑義。其他
人的年齡則可依四柱之學理來做一個區分，則少男與少女，
分別指的約莫是十六歲以下的男孩與女孩；而中男與中女，
則分別指的約略為十七至三十二歲左右的男女；而長男與長
女則大致指的是三十三歲至四十八歲左右的男女。當然，以
年紀來區分，只能約略的予以區分。因此，若是巽宮有缺，
除了長女之外，家中若有四十歲左右的女人，則其運勢一樣
會受到不良的影響。以下即將各宮位所代表的人物以圖表示
之，方便讀者查找。

九宮代表人物圖

南

巽 　　長女	離 　　中女	坤 　　母
震 　　長男		兌 　　少女
艮 　　少男	坎 　　中男	乾 　　父

北

　　在此必須提醒讀者，缺角或是多出的部份，其落於何宮，
必須透過測量工具如羅盤來判定。這個部份，請讀者依據實

作篇的羅盤測量方法所教授的綱領來進行。其次，不論是缺角或是多出，若是能配合理氣方面的學理來判斷，則必定更加細緻精確。

八、大小巒頭

風水巒頭上有所謂的內、外之分。透過此內、外的區分，古人將與宅第風水相關的環境，以「外六事」與「內六事」予以概括。所謂的「外六事」，意即道路、池井、坑廁、畜欄、橋樑、廟宇等，此為影響宅第氣運的外部環境因素；而所謂的「內六事」則指門戶、明堂、廳堂、房床、廚灶、碓磨等等，此為影響房宅氣運的內部環境因素。當然，此乃概說，所涵蓋內容遠遠超過上述事務。故《陽宅集成》謂「外六事者，是屋外之物，如橋樑、殿塔、亭臺之屬，凡望見照著者皆是。雖曰六事，而實不止六也。」

外部環境又可稱為「大巒頭」，一般所謂的「巒頭」，即指此大巒頭而言；室內巒頭又可稱之為「小巒頭」。兩者相較，以外部形勢環境更具決定性，故更為重要。然而，室內巒頭之佈局影響宅運吉凶亦甚鉅，因此，同樣不能忽略。

另外，在風水的實際操作中，內部環境可依佈局或裝潢方式予以調整，外部環境則無法憑一己之主觀想法任意改變。因此，本書先自外部巒頭說起，繼而闡釋內部巒頭之學理。而外部巒頭方面，又以形煞所造成的各種效應最為重要。因此，先自其定義為核心，展開進一步的說明。

九、形煞之定義

巒頭形煞方面以巒頭巨著《雪心賦》為宗。很多陽宅方面的形煞應用，皆來自於陰宅論龍、砂、水、穴等等的知識，見諸於《雪心賦》等巒頭經典。

舉例來說，所謂的「探頭煞」，原本指的是在穴前之山，在山之後又有一山露出，猶如有人伸頭探出，做窺伺之形狀，故稱之為「探頭煞」。將此理引申應用在陽宅風水上，則為宅第前方若有大樓，而大樓之後又有大樓，以自身宅第目視為準，此後方之大樓或其上之設施略高於面前大樓，成為有人窺探之形象，即構成所謂的「探頭煞」。犯此惡煞，一般主宅中之人易犯盜賊劫掠。

巒頭方面的形煞，多半來自於「呼形喝象」。也就是透過形象的聯想，來判定巒頭所應之事。當然，象有吉凶之分，在風水學上，就把凶惡之巒頭，稱之為「形煞」或「煞氣」。

然而，亦由於此種依形象判斷之方式，造成有些巒頭派的風水師，自行巧立名目，亂定形煞，造成處處皆形煞，漫無邊際。其實，在這當中的不少形煞，不但是古書所無，而且根本不符合風水原理。

有鑑於此亂象，故本書從巒頭學的原理入手，釐清其定義，再將重要的形煞透過照片以及解釋予以說明，讓讀者入門有路，以利於學習。

所謂的「形煞」或「煞氣」只是一個泛稱，簡而言之，舉凡所有對宅第風水不利的因素，均可以稱之為「形煞」或「煞氣」。以風水言，房宅的形煞種類繁多，而這些形煞往往會給

房宅帶來不好的影響。一般而言，輕則疾病纏身，運勢遲滯，重則惹上血光之災，或是罹患重病，因此，我們在選擇宅第時，一定要盡量避免這些形煞。如果房子面對著像下圖這樣的東西，相信任何人都不會反對，照片中的尖射之物，肯定將會對房宅風水帶來不良的效應。（參見照片圖十二）

圖十二　不論何人，面對此類巨大惡煞，肯定感到不舒服

　　以玄空飛星風水言，進一步細分，所謂的「形煞」，亦有巒頭與理氣的不同。理氣方面的形煞，即飛星中的凶曜所構成的煞氣，如二黑巨門星飛臨大門，或是落居之處有動象，引動了這個病符星，則會引發種種疾病的效應；又或是三碧祿存星飛臨大門，則會引發口舌、破財等等的情形。但是，由於飛

星無形無象，較難以瞭解。相較於此，則巒頭方面的形煞由於具體可見，一般而言，凡是宅第遭受不整齊的物體沖射都屬於形煞。因此，舉凡是尖角、路沖、電線桿、反弓路、鐵塔之類的煞氣，都會或大或小地引發凶惡的結果，給人帶來不幸。

當然，如果理氣方面凶星飛臨，恰好此處又有巒頭的惡煞，則此種形理結合的煞氣，所引發的效應最為凶惡。由於巒頭比較具體而易見，理氣則幽微難明。因此，本篇先就巒頭方面的形煞作一闡釋，理氣方面的學理，則留待理氣篇，再進一步申論。

十、形煞大小之判定

如前所述，舉凡所有對宅第風水不利的因素，均可以稱之為「形煞」，尤以向方為重點，因此，舉凡向方屋外門窗正對的尖銳、不整齊物體、沖射之物等等，皆可視之為形煞。對門最凶，其次對窗，不對門和窗又更次。故巒頭巨著《雪心賦》有云：「山有惡形，當面來朝禍速；水如急勢，登穴不見者禍遲。」重點要以當面、可見者最為凶惡。

此乃單以巒頭言，結合理氣，當然又會產生不同的效應。而依巒頭論，則形煞之力量，受到以下幾個因素的影響而有大小的差別。

首先，形煞本身的力度有大小之別。此外，宅第與形煞之間的距離，對於形煞力量的大小，也是重要的判定標準。一

般而言，形煞對於宅第的影響，會隨著距離漸遠而遞減。又兩者中間若有馬路，則依流量大小，亦對形煞力量有影響。流量愈大，則化煞能力越強；反之，則較小。簡言之，化煞力量的大小取決於馬路的大小以及流量來決定。

圖十三　流量大的大馬路上，招牌之間的煞氣幾可忽略不計

因此，若有流量很大的主要馬路，橫亘在宅第與形煞兩者中間，則形煞力量幾可不計。所謂的流量，意指馬路上車流狀況。馬路當水來看，則馬路上的車流就如同流水。（參見照片圖十三）

圖十四　招牌雖小，但由於流量與距離小，形成煞氣

　　因此，有些形煞，基本上來說，實可忽略不計。即以上述所言的「槍煞」來說，如果直沖而來的直路與橫向的路大小相差很多，又屬於橫向路大且直沖路小的情形是，則為小路匯入大路，此種情形，妨礙不大。（參見照片十五）

圖十五　小路直沖的煞氣受到大路的化除，無妨

　　因此，在風水的實際操作層面，以上這些因素，都必須綜合考量，才能對於形煞的影響，作出正確的判斷。以下就從各種常見的、影響較為鉅大的外部形煞說起。

十一、各類形煞

　　如前所云，有些巒頭派的風水師，自行巧立名目，亂定形煞，造成處處皆形煞，漫無邊際，讓人聞形煞之名而畏懼。因此，筆者從形煞的定義切入，讓有志學習之人有所依憑，不致受到這些虛妄說法所迷惑。

　　瞭解了形煞的學理以及定義之後，本章則要從實際的形

煞著眼，詳細闡述各種的形煞。但要先予說明的是，有些形
煞，名目雖然不同，實際上卻大同小異。因此，筆者在此要以
歸納的方式，將一些重要的形煞詳細說明，並將相關的形煞
放在一起論述，結合前述之學理，讓讀者能夠更快掌握相關
的內容。

尖角煞

房宅前方有別人房屋的尖角或是牆壁直射，稱之為「尖
角煞」或是「壁刀煞」（參見照片圖十六），或有牆面以45度

圖十六　風水書上所謂的尖角煞，俗稱壁刀

的銳角正對房宅而來，則稱之為「尖射煞」。也有人稱之為「屋角煞」，若是屋角很多，則又稱為「鋸齒煞」或「多重屋角煞」。名目不一，其實道理皆相通。一般而言，犯此類形煞較容易發生意外傷害、車災、被刀具等尖銳之物所刺，無故受傷等等。結合飛星來看，則受尖角射到之處，若有凶星飛臨，將會引發相應的凶災。

路 沖

所謂的「路沖」，指的就是宅第面前有直路，直沖房宅（參見照片圖十七）。如果是巷子直沖宅第，則稱之為「巷沖」。以凶惡之程度論，則對門最凶，其次對窗，不對門和窗又更次。

圖十七　一條直路一條槍，圖中之宅犯槍煞，俗稱路沖

　　直路當頭直沖，在風水學上又稱之謂「槍煞」，直路不正沖，而自左右兩邊射來，則稱之為「插脅水」。其理皆相同。一般而言，犯「路沖」輕則財祿不佳，重則有車禍、血光、破財之災。至於實際所應何事，則結合飛星之學理，才能更加精確。

反弓煞與鐮刀煞

　　宅第前臨路，狀似反弓，則在風水學上稱為「反弓煞」，應財運越來越差，入不敷出（參見示意圖十八）。而形狀彎曲的道路或天橋，切向房宅，亦稱之為「鐮刀煞」，其學理相同，只是一者路較低，一者較高而已。

圖十八　圖中房宅即屬反弓煞

如果是大樓，則反弓煞對於最近平地的一樓影響最大；而高架道路所構成的鐮刀煞則是對於高度正對此高架道路的樓層影響最大。

無尾巷

在風水學上，所謂的「天門」，指的是來水之處，所謂的「地戶」，則是指去水口之處。就巒頭言，房宅所在之處，最好有來水口與去水口。簡單的說，也就是要有來路，有去路。巒頭巨著《雪心賦》有云：「水最關於禍福，水宜合於圖經。所忌者水尾源頭。所戒者神前佛後。」無尾巷就是古籍上所謂的「水尾源頭」。一些所謂的死巷子，就屬於此種財運不利的格局。（參見照片圖十九）應運勢遲滯，財祿不利。

圖十九　無尾巷的房子，對財帛不利

捲簾水

所謂「捲簾水」，指的就是門口正對著向下之樓梯，造成水沿著樓梯一級一級流走，導致水無法聚於明堂之前，應財帛之凶。（參見照片圖二十）一般大樓公寓也常常可以見到此種不利的格局。

圖二十　此宅犯捲簾水

馬路傾斜

房宅門前馬路傾斜，除了有龍虎不對稱的弊端之外，亦會導致水流瀉不聚。因此，這種陽宅，有財帛不聚的弊病，而且坡度越大，越不吉利。（參見照片圖二十一）

圖二十一　馬路領料，水流不聚，不利於財帛

孤陽煞與獨陰煞

　　住宅臨近或正對教堂、廟宇，犯「孤陽煞」；若是房宅正對或臨近墳墓旁、殯儀館，則犯「獨陰煞」。容易有運勢、健康不佳，心緒不穩之效應。古有「廟前貧，廟後苦，廟左廟右出寡婦。」之說法，其實指的就是相關的煞氣對人所產生的不良影響。（參見照片圖二十二）

圖二十二　房子周圍滿佈墳墓，犯孤陰煞

十字架與廟宇屋角

宅第正對教堂之十字架，或遭廟宇之屋角沖射，則由於教堂比起一般單純的房宅還兼有孤陽煞之影響，因此，比起普通陽宅的煞氣更強。（參見照片圖二十三）

圖二十三　房子正對教堂的十字架在風水學上也屬於犯煞

天斬煞

　　住宅正面對著大樓，而對面剛好有兩棟高度頗高而距離很近的大樓，且大樓中間有一道很狹窄空隙正對住宅，此即稱之為「天斬煞」。（參見照片圖二十四）

圖二十四　房子正對此一縫隙，在格局上犯了天斬煞

火　煞

　　臨近住宅有變電所、電塔、電桶、電波發射站等設施，會形成「火煞」，一般亦稱為「電磁煞」，這些對宅第都會造成不良的影響。電力愈強，煞氣愈大，因而在這些相關的電力設

施當中，要以變電所最凶。（參見照片圖二十五）

圖二十五　電力設施太過密集，犯了火煞

刺面煞與廉貞煞

住宅正對著凹凸不平，外表嶙峋的小土坡，或類似形勢，就好像直刺房宅門面，此種形煞稱為「刺面煞」，如果是住宅背後臨近怪石嶙峋之山坡地形，則稱之為「廉貞煞」。（參見照片圖二十六）

圖二十六　房宅前方這種外表嶙峋的形象，犯了刺面煞

凹風煞

　　宅第周圍出現凹入或缺損之情形，造成風從此凹陷處灌入，即形成「凹風煞」。最常見的情形是兩棟房宅背面相靠，而別人房子幾何形狀有缺口時，就容易形成這種煞氣。

探頭煞

　　在自家房宅前方之屋宅，背後又有水塔或是屋宅凸出，形狀就如同一個人探頭窺伺（參見照片圖二十七），此種形勢

稱之為「探頭煞」。一般來說，犯此惡煞，主宅中之人易犯盜
賊劫掠。

圖二十七　面對此宅，在巒頭上犯了探頭煞

萬箭穿心

一些住宅為了防盜的功能，都會加裝箭形的鐵窗，這種箭形鐵窗的尖角刺向對面，因而對對面的住宅造成不良的影響，此種箭形的煞氣稱之為「萬箭穿心」。有些外牆的尖形裝置，只要對房宅形成尖射，都有類似影響。（參見照片二十八）

圖二十八　　右邊整排箭形尖角刺向對面，形成煞氣

門針煞

宅第前方，不管是有電線桿、路燈柱子，或者路牌等柱狀物體，對著房宅沖射而來，這些稱之為「門針煞」、「燈柱

煞」、「頂心煞」等，都會對人產生不好的影響，除了健康較差之外，還容易產生血光之災。（參見照片圖二十九）門前有椰子樹，影響亦相同。實際所應何事，必須結合飛星之學理，方能定準。

圖二十九　難以化解的巨大門針煞

穿心煞

一些樓房下方臨空，或是修建了地下鐵路或隧道，人車可以從樓下穿行而過，稱之為即是「穿心煞」。此惡煞會導致家住戶健康情緒較不穩定，且較容易發生血光之災。（參見照片圖三十）

圖三十　樓下臨空，道路穿心而過

光　煞

　　陽光為陽氣，一般而言，陽宅以見光為佳，但是，如前面章節所述，凡事要適度為宜，如果反光折射太過嚴重，亦將形成煞氣，造成不良影響。一般都市中臨近有玻璃帷幕的大樓，容易犯此煞氣。

聲　煞

　　住宅附近若是有鐵路、工廠、正在施工的工地等產生巨大噪音的情形，則會形成「聲煞」，對居住之人造成不好的影響。

味　煞

　　住宅附近如果有公廁、垃圾站、臭水溝，甚至有人賣臭豆腐等會發出不良氣味之情形，將會產生「味煞」，對人的健康與精神都有不利的影響。針對味煞的不良影響，只能透過經常關閉窗、門，並多多使用空氣清新劑加以改善。

逼壓與兩高夾一低

　　房宅前後左右中，有一方明顯高出自己許多，即形成逼壓之格局。陽宅兩邊之房子都比自己甚多，形成人高我低之格局，此乃兩高夾一低，一世被欺之情勢。不論是逼壓或是兩高夾一低，都容易產生處處受人壓制，不易出頭之弊病。

孤峰煞

指房宅本身單獨孤立獨聳，而四圍缺乏其它相似高度的建築。此種形勢會造成宅主個性變得孤僻，朋友往來稀少，導致人緣欠佳等不利影響。房宅越高，與其它建築物差距越大，則效應越明顯。且樓層越高，程度越凶。

十二、小巒頭佈局原則

在上述內容中，已經充份闡釋了大巒頭，也就是外部形煞的原則以及各種具體的形煞。接下來就要進入到房宅內部，也就是小巒頭的部份，進一步說明。由於室內的情形，從格局、裝潢，到各人的擺設方式，組合的樣式繁多。因此，在此同樣要以歸納的方式，先將一些重要的佈局原則詳細說明，以利於讀者能夠更快理解相關的內容。

忌通屋

以佈局的原則來說，陽宅以「藏風聚氣」為佳，因此，最忌穿堂風。所謂的穿堂風的格局，就是從大門到後門之間直通，沒有遮攔，風可以從前門進來，從後門散去，無法藏風聚氣。簡單來說，如果一進入大門後，可以直接看見後門，肯定犯了穿堂煞。此種形式，古書上稱之為「通屋」。

忌髒亂壅塞

陽宅忌髒亂壅塞，不整潔的環境，肯定對於人的運氣，產生不良的影響。房宅如筋骨，通道如血脈。通道壅塞之處，血脈肯定不暢通，久而久之，必定影響整家人的氣運。這兩點就陽宅風水來說非常地重要，卻常常為人所忽略。

樓梯髒亂壅塞，對風水會產生不良影響

忌高低不一

宅內忌高低不一，在現代的房宅形式中，可以見到為了對客廳與廚房的空間作一區隔，因此，採取前高後低或是前

低後高的形式，這樣的格局，將會造成坐在這個房子中的人，運勢高低起伏不定。因此，在選購房宅的時候，宜盡量避免。

忌相沖

房宅中，某些東西或設施之間，忌相沖。舉例來說，冰箱五行屬水，灶五行屬火，因此，冰箱與灶不能相對而立，否則犯水火相沖之病；廚房的水龍頭五行屬水，也不能與灶位相對，否則同樣違犯水火相沖的毛病。

另外，廁所門不要對著廚房，尤其是飯桌，這樣對健康方面有不良的影響。解決的辦法，可以裝潢隔間，避免廁所穢氣直沖。此外，門與門相對，亦屬犯沖，一般來說，會讓兩個房間的人，彼此之間，比較容易產生爭執。化解之道在於，兩個門盡量不要同時開啟；另外，可以加裝門簾來解決此一毛病。

客　廳

客廳為內明堂，宜明亮，宜寬闊，不宜堆置過多擺設。上方不宜有樑，若有樑柱，則宜透過裝潢方式，將其遮蔽。客廳當中，飾物以平和溫馨為佳，除非是當官或從事軍警武職之人，最好不要擺獅、虎、豹之類的圖畫、飾品。另外，室內不宜擺放過多木本植物，三碧破財星五行屬木，擺放太多木本植物，容易助長三碧破財星的氣數。

廚　房

就巒頭學理言，以廚房灶位為重點，灶位的選擇，影響一家人健康甚鉅，尤其對於負責烹煮的人，影響最大。此外，灶位最忌有樑經過。就理氣原則言，則必須詳細審視各個飛星的位置，才能找到最佳的灶位。

廁　所

廁所位置的選擇，影響風水甚大，就巒頭學理言，廁所不宜在房宅的中間；就理氣原則言，則災病星的位置不宜設置廁所。

臥　房

臥室以床的擺放位置為重點，床位忌擺放於進門相沖之處。臥房床頭必須有靠，床頭所靠之處最好是實牆，而不是裝潢用的木材間隔。忌有樑，尤忌樑壓床。燈具不得在床位之處，尤其在人所睡位置的上方，對身體健康必定造成不良影響。

此外，梳妝檯的鏡子不能對床，否則容易造成睡眠時，氣無法凝聚，影響睡眠品質，久而久之，造成精神不繼，影響運勢。

以上是陽宅室內小巒頭的佈局原則，讀者務必先在充份理解的基礎上，將本節內容融會貫通。其後再進一步配合後面理氣方面的學理，必能完整掌握陽宅風水的實際佈局方法。

參、抽象的精算：理氣

一、出生時間：三元九運的劃分

　　三元九運是玄空飛星風水對於時間的劃分，一元為六十年，分為三個小運，每一運為二十年，故三元九運共是一百八十年。三元九運的時間劃分，是玄空飛星風水核心的理論基礎。

　　有一種觀點認為，三元九運的學說來自於遠古的天干地支紀年。此說以為三元九運籌制定與黃帝有關，是黃帝推演天象而制定的產物，將公元前二六九七年定為黃帝元年，並以干支作為紀年的方式，將干支之相配週期六十年視為一循環，定為一甲子，為一元，三元即三個甲子，共一百八十年。並將第一元定為六白大運，依序遞進。

　　筆者認為，三元九運來自干支紀年之說值得商榷，因為此觀點就學理層次言，對於三元九運最基礎的時間單位，也就是一運二十年沒有明確的說明，只是籠統地將元運配以九星，一白水運，二黑土運，三碧木運，四綠木運，五黃土運，六白金運，七赤金運，八白土運，九紫火運。

　　筆者認為，此乃古代精通易學與天文的智者，一面觀察天象，一面精研易理，苦心孤詣的創制結果。而將心血結晶託

言古代聖君的作法，在古代十分常見，與所謂《黃帝內經》、《黃帝宅經》等經典託言黃帝的作法，實同出一轍。亦與大六壬的創制歸諸於九天玄女的看法，殊無二致。

　　古代的大智者發現，宇宙之間，萬物無時不在發生變化，但是這變化在時間的進程中，卻是有週期規律可循的。於是進一步將此循環變化的週期規律，建構為三元九運之學說，而成為玄空飛星風水的核心理論。

　　以天文學的角度來看，則在地球所處的太陽系當中，有九大行星，這些行星當中，又以木星體積與重量為最大，在太陽系中，僅次於太陽，而其距離地球也不遠，因此，對地球的引力最大，影響也最大，木星繞行太陽公轉一周需時十二年，由此即衍生出十二生肖的理論，木星所到之方位，就是所謂的「太歲方」。因此，木星又稱之為「歲星」。

　　除了木星以外，九大行星當中第二大的行星是土星，土星繞行太陽公轉一周約需時三十年。而在二大行星，也就是木星與土星繞行太陽運行的過程中，約莫二十年，兩大行星就相會一次，而兩者的相會，對於地球萬物將產生鉅大而深刻的影響。因此，就以此二十年為一「運」，此乃三元九運時間劃分最基礎的單位。而以木星公轉一周需時十二年以及土星公轉一周需時三十年，兩者的最小公倍數六十定為一個「元」。九運即三元，共計一百八十年。九運以九星配之，不也正說明了時間的劃分是透過天星運行的結果嗎？（土星、木星、水星交會週期是六十年，而太陽系九大行星相交會的週期是一百八十年）

　　因此，三元九運的法則是有其天文學上的學理支持的。

其理論是各行星運轉交會的結果，並非主觀的構想，因此，三元九運乃是「不以人意為依歸」、「不以人力為移轉」的客觀規律。

三元九運：

分為上、中、下三元。每一元又分為三運，分別是上元一、二、三運；中元四、五、六運；下元七、八、九運。每運為二十年。

近代的三元九運表：

上元：

一運：1864——1883	自甲子至癸未年	一白水運
二運：1884——1903	自甲申至癸卯年	二黑土運
三運：1904——1923	自甲辰至癸亥年	三碧木運

中元：

四運：1924——1943	自甲子至癸未年	四綠木運
五運：1944——1963	自甲申至癸卯年	五黃土運
六運：1964——1983	自甲辰至癸亥年	六白金運

下元：

七運：1984——2003	自甲子至癸未年	七赤金運
八運：2004——2023	自甲申至癸卯年	八白土運
九運：2024——2043	自甲辰至癸亥年	九紫火運

根據此一列表，可以知道，我們現在正處於三元九運的下元八運。同一方位，在不同的元運建造，會有不同的吉凶禍

福。舉例來說,如果宅第建於一九九五年,則屬於七運宅,建
於二〇〇八年,則屬於八運宅。七運與八運所起出的飛星盤,
是完全不同的。

因此,在風水的實際操作中,首先必須知道宅第建於何
時,時值那一運,如此方能起出運盤,進而知道方位之後,排
列出飛星盤。

如同我們必須知道一個人的出生年、月、日、時,方能進
行八字論命一樣,缺少房宅元運這個條件,就無法進行玄空
飛星的風水操作。

二、出生方位:二十四山之說明

透過三元九運的說明後,讀者必能理解玄空飛星風水對
於時間的劃分方式。緊接著要說明的是,玄空飛星風水對於
空間的劃分方法。

縱使同屬理氣一脈,對於空間的劃分亦有不同的主張。
舉例來說,「八宅派」將空間分為八等分,八個方位中有四個
方位是吉方,四個是凶方。而「玄空大卦派」則是依據六十四
卦來劃分空間,也就是將空間分成六十四等分,依據六十四
卦在某時間的或吉或凶,來進行風水的操作。

玄空飛星則是依據洛書九宮模式建構起來的風水系統。
因此,在方位的劃分上,乃是以洛書九宮配上八卦方位,即北
方為坎宮,東北為艮宮,東方為震宮,東南為巽宮,南方為離
宮,西南為坤宮,西方為兌宮,西北為乾宮。在此基礎上,再

予以細分，每一卦位再分成三份，所謂「一卦管三山」，以此構成了玄空飛星「廿四山」的方位劃分。

　　廿四山的構成，即《青囊序》所曰：「先天羅經十二支，後天再用干與維。」也就是以子、丑、寅、卯、辰、巳、午、未、申、酉、戌、亥十二地支，配上甲、乙、丙、丁、庚、辛、壬、癸八個天干，加上四隅卦的乾、艮、巽、坤四維，共同構成廿四山。

　　「一卦管三山」，以一卦配之以地、天、人三才，以正中那一山為天元龍，前一山為地元龍，後一山為人元龍。以順時針為序，則先是地元龍，然後是天元龍，最後才是人元龍。舉例來說，南方離宮有丙、午、丁三山，則丙山為地元龍，午山為天元龍，丁山為人元龍。

　　以圓周三百六十度來說，則每一卦所占範圍有四十五度，每一山各占了十五度。廿四山所占的實際角度，以及在圓周上所呈現的方位如下：

北方坎宮：壬、子、癸三山

北西北為「壬」	三百四十五度	地元龍
正北方為「子」	零或三百六十度	天元龍
北東北為「癸」	十五度	人元龍

東北艮宮：丑、艮、寅三山

東北北為「丑」	三十度	地元龍

正東北為「艮」	四十五度	天元龍
東東南為「寅」	六十度	人元龍

東方震宮：甲、卯、乙三山

東東北為「甲」	七十五度	地元龍
正東方為「卯」	九十度	天元龍
東東南為「乙」	一百零五度	人元龍

東南巽宮：辰、巽、巳三山

東南東為「辰」	一百二十度	地元龍
正東南為「巽」	一百三十五度	天元龍
東南南為「巳」	一百五十度	人元龍

南方離宮：丙、午、丁三山

南東南為「丙」	一百六十五度	地元龍
正南方為「午」	一百八十度	天元龍
南西南為「丁」	一百九十五度	人元龍

西南坤宮：未、坤、申三山

南西南為「未」	二百十度	地元龍
正西南為「坤」	二百二十五度	天元龍
西南西為「申」	二百四十度	人元龍

西方兌宮：庚、酉、辛三山

西西南為「庚」	二百五十五度	地元龍
正西方為「酉」	二百七十度	天元龍
西西北為「辛」	二百八十五度	人元龍

西北乾宮：戌、乾、亥三山

西北西為「戌」	三百度	地元龍
北正西北為「乾」	三百十五度	天元龍
西北北為「亥」	三百三十度	人元龍

　　八卦宮位與廿四山的區分只是繁簡不同，在此必須先予說明。如果你用羅盤或指南針測定的方位是二百六十度，屬於西西南方，也就是說在廿四山的區分上，屬於「庚」山，但在八卦宮位上，則屬於兌宮。其餘類推。

　　八卦宮位與廿四山兩種方位的區分，在玄空飛星風水的實際操作上，都必須用到。更明確地說，在「定向」以及飛星盤的排佈上，必須使用到廿四山方位；而在判斷與佈局時，則多半參照八卦宮位。

三、命盤的排列：九星飛佈方法

　　掌握了三元九運的時間劃分以及廿四山的空間方位之後，接下來，我們就可以這兩項條件為基礎，依據挨星之法則，將宅第的飛星盤完整地排列出來。有了飛星盤之後，才能

開始進行風水的操作。

　　首先要說明的是，飛星的排佈模式有二，一種是挨星下卦，另一種則是所謂的挨星替卦。挨星下卦，也就是正向的方位，所排列出來的飛星盤稱之為正盤；挨星替卦，也就是兼向的方位，所排列出來的飛星盤稱之為兼盤。

　　前面在論方位時曾經說過，玄空飛星風水將方位劃分成八卦共廿四山，一卦管三山，每一山各占了15度。每山靠中間的9度範圍內為正線，而左右兩邊各3度的範圍則為兼向，此時則要用替卦，其九星飛泊的方式不同。挨星下卦與挨星替卦之間的關係，就如同八字中一般命局與特殊命局的關係，替卦的房宅，就如同特殊的八字格局一樣，為數很少。

　　舉例來說，子山正中間為0度或是360度，在中間9度的範圍內屬於下卦，偏右4.5度以外的3度為子山午向兼壬山丙向；而偏左邊4.5度以外的3度則為子山午向兼癸山丁向。若測定坐向落於左右這3度之內，則必須使用替卦的排盤方式。以下即詳述挨星下卦的九星飛泊之方法。

　　玄空飛星風水盤是建構於洛書九宮，也就是後天八卦的模式之上。後天八卦方位分別是坎為一居北，坤二位居西南，震三位於東方，巽四位在東南，五居中宮，乾六居於西北，兌七位於西方，艮八居於東北，離九位在南方。透過九宮圖表示如下：

洛書九宮位置圖

巽 4	離 9	坤 2
震 3	中 5	兌 7
艮 8	坎 1	乾 6

　　但就排佈順序言，都是由中宮為起點，依序開展。在此前提下，飛星的飛泊佈列有順飛與逆飛兩種模式。所謂的順飛，就是依據著數字，自中五開始，由小向大排列，也就是依循著中五→乾六→兌七→艮八→離九→坎一→坤二→震三→巽四進行飛佈。

　　還有一種逆飛的模式，則是倒過來，自中五開始，由大到小排佈，也就是依著中五→巽四→震三→坤二→坎一→離九→艮八→兌七→乾六進行飛佈。

　　至於要採取順飛或者逆飛的飛佈模式，則要依據實際坐向之陰陽來判定。陽則順飛；陰則逆佈。廿四山向的陰陽如下：

地元龍：　甲、丙、庚、壬屬陽　　辰、戌、丑、未屬陰

天元龍：　乾、巽、艮、坤屬陽　　子、午、卯、酉屬陰

人元龍：　寅、申、巳、亥屬陽　　乙、丁、癸、辛屬陰

其實廿四山向的陰陽順道不必死記硬背，只要記得宮位居於四正或是四隅，就能掌握陰陽順逆。在四正卦位，也就是坎、震、離、兌四宮的三山，第一山，也就是壬、甲、丙、庚屬陽，第二和第三山都是陰，也就是這四宮的順序就是陽、陰、陰。另外四宮，也就是四隅卦位，亦即艮、巽、坤、乾四宮的三山，則正好相反，其順序則是陰、陽、陽。

在說明如何排佈飛星盤前，讓我們先瞭解飛星盤的結構。以上就以八運子山午向的飛星盤為例，對結構的相關問題進行說明。

午向 ↑

3 4 七	8 8 三	1 6 五
2 5 六	4 3 八	6 1 一
7 9 二	9 7 四	5 2 九

子山
⊥

飛星盤的結構非常整齊，每個宮位都由三個數字所構成。讓我們單獨看左上角的巽宮位置，底下有一個國字的七

字，稱之為「運星」；左上角的阿拉伯數字稱之為「山星」或是「坐星」；右邊的數字則稱為「向星」或是「水星」。以圖表示如下：

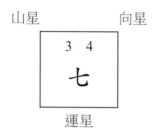

一般而言，山星主管人丁；向星主管財運，所謂「山管人丁水管財」就在此飛星盤中具體而微的呈現出來。根據此一結構，在飛星圖的排佈上，共有三個步驟，分別是運星排列，山星飛佈，以及向星飛泊。

（一）排列運星盤

運星的排法不必考慮山向，完全是依據元運，一律順飛排列。看宅第完工於何年，屬於那一元運，就將元運數字入中，其它數字則依洛書順序，分別予以排定。舉例來說，房宅建成於2002年，則依三元九運的時間劃分，屬於七運宅，則其運盤排列如下：

六	二	四
五	七	九
一	三	八

　　此一運星盤的排列，只考慮時間，不必考慮山向，不管是子山午向，辰山戌向，還是卯山酉向，一體適用。只要房宅建成於1984至2003年之間，都是這個運星盤。換言之，如果宅第建成於2008年，則是屬於八運宅，那麼一樣是將代表八運之八入中，其餘數字順佈排列如下：

七	三	五
六	八	一
二	四	九

　　此一八運的運星盤，適用於所有的八運宅，也就是建成於2004至2023年間的房子。其它依此類推。

（二）坐星盤之排列方法

　　不論是坐星或向星的排佈，必須考慮順飛逆飛問題。我們就以八運的壬山丙向為例，仔細說明整個坐星飛泊的路徑。首先，先排出八運的運星盤，接著再將坐山的數字4入中，並置于運星八之左上方。圖示如下：

丙向

七	三	五
六	4 八	一
二	四	九

壬山

　　按照次序，壬山在坎宮三山的排序上屬於第一山，則入中山星為四，四為巽，故此時要看巽四宮，今巽四宮第一山為辰，而巽居於四隅位，依據上述說明，四隅位的三山，依序分別為陰、陽、陽，因此，山星為陰，應採逆飛排佈，結果如下所示：

丙向

5 七	9 三	7 五
6 六	4 八	2 一
1 二	8 四	3 九

壬山

（三）向星盤之排列方法

向星的排佈，基本上和山星一樣。首先，將向上飛星的數字3入中，並置於運星八的右上方。圖示如下：

丙向

七	三	五
六	3 八	一
二	四	九

壬山

　　按照次序，壬山在坎宮三山的排序上屬於第一山，則入中的向星是三，此時要看震三宮，今震宮的第一山為甲，而震居於四正位，依據上述說明，四正位的三山，依序分別為陽、陰、陰，因此，向星為陽，故應採順飛排佈，結果如下所示：

丙向

2 七	7 三	9 五
1 六	3 八	5 一
6 二	8 四	4 九

壬山

　　最後，將以上三個步驟的結果統合起來，我們就可以得到壬山丙向八運宅的完整飛星盤如下：

八運壬山丙向飛星盤

丙向

5 2 七	9 7 三	7 9 五

6　1	4　3	2　5
六	八	一
1　6	**8　8**	**3　4**
二	四	九

壬山

以下再舉一個丑山未向的七運宅為例來說明。首先，以七入中排出運星盤，並將山星一入中飛泊於運星七之左上方。圖示如下：

未向

六	二	四
五	¹七	九
一	三	八

丑山

山星的飛泊，要考慮陰陽順逆問題。按次序，丑山在艮宮三山屬於第一山，則入中的坐星是一，於是要看坎一宮，今坎

宮的第一山為壬，而坎居於四正之位，四正位的三山，依序分別為陽、陰、陰，因此，坐星為陽，應順飛排佈。於是就能將山星完整排出，如下所示：

未向

9 六	5 二	7 四
8 五	1 七	3 九
4 一	6 三	2 八

丑山

接下來向星的排列亦同理。以向方之四入中置于運星七之右上方，接著要定順逆，按照次序，入中向星為四，四為巽，故此時要看巽宮，今巽四宮第一山為辰，而巽居於四隅位，依據上述說明，四隅位的三山，依序分別為陰、陽、陽，第一山為陰，因此，向星為陰，應逆飛排佈。於是就得到了向星的飛佈圖如下：

未向

5 六	9 二	7 四

6 五	4 七	2 九
1 一	8 三	3 八

丑山

　　結合山星與與向星的飛佈圖，我們就得到丑山未向七運宅的完整飛星圖如下：

七運丑山未向飛星盤

未向

9　5 六	5　9 二	7　7 四
8　6 五	1　4 七	3　2 九
4　1 一	6　8 三	2　3 八

丑山

　　以上是有關挨星下卦的飛星排佈方法的說明。在理氣篇末的《附錄》，附上了六至九運的玄空飛星圖，方便讀者利用查找。讀者只要詳讀後面實務綱領中，有關羅盤測量的說明，即能依按綱領測出房宅的坐向，進而結合元運條件，透過此附錄，按圖索驥，馬上就能找到屬於該房宅之玄空飛星風水盤，精算房宅的風水吉凶了。

四、特殊格局：兼盤排法

　　雖然替卦的房宅，就如同特殊的八字格局一樣，為數並不多。但是讀者對於替卦，也就是兼盤的排列法則，亦必須有所瞭解。說到排列之方法，兼向與正向下卦的排盤方法，基本上並無太大的差異。也是要先看運盤，接著山星入中排佈，然後向星入中飛佈。不同之處在於，所謂的「替卦」指的是，山、二星要用其它的星來代替，入中飛佈排列形成飛星盤。而找尋替星的方法，是根據《沈氏玄空學》中所記載的幾個口訣。

蔣大鴻授姜汝皋挨星口訣

　　子癸並甲申，貪狼一路行，壬卯乙未坤，五位為巨門。乾亥辰巽巳，連戌武曲名。酉辛丑艮丙，天星說破軍。寅午庚丁上，右弼四星臨。

吹齎子簡易挨星訣

子癸甲申貪狼尋（一），坤壬乙卯未巨門（二）。
乾巽六位皆武曲（六），艮丙辛酉丑破軍（七）。
若問寅午庚丁上，一律挨來是弼星（九）。

括弧中的的數字為筆者所加。仔細分析就能知道，這兩個口訣的內容是一致的。亦即子、癸、甲、申四山，就用貪狼星一來代替，而坤、壬、乙、卯、未五山，則是用巨門星，也就是二來代替。其餘類推。以下就以兩個實際來說明如何排佈替卦飛星盤。

（一）舉例來說，房宅建成於1998年，坐子向午兼壬丙、丁癸的房子，則依三元九運的時間劃分，屬於七運宅，則其運盤排列如下：

六	二	四
五	七	九
一	三	八

（二）坐星盤排列。坐山為子，原本應將坐方之3置于中宮左上方，由於是兼向，這時要以替星入中。子山為坎宮的第二山，這時同樣找震宮的第二山，也就是甲、卯、乙中的卯山，依據口訣「坤壬乙卯未巨門」，因此，要以巨門星，也就是2來代替3入中置于左上角，震居於四正位，依據上述說明，四正位的三山，依序分別為陽、陰、陰，卯為第二山，故山星為陰，要逆飛排佈如下所示：

3 六	9 二	5 四
4 五	2 七	9 九
8 九	6 三	1 八

（三）向星盤排列。向星的排佈，基本上和山星一樣。向山為午，原本應將坐方之2置于中宮左上方，由於是兼向，這時要以替星入中。午山為離宮的第二山，這時同樣找坤宮的第二山，也就是未、坤、申中的坤山，依據口訣「坤壬乙卯未巨門」，因此，一樣要以巨門星，也就是2作為替星入中置于右上角，坤宮居於四隅位，三山依序為陰、陽、陽。故坤山為陽，向星要順飛如下：

1 六	6 二	8 四
9 五	2 七	4 九
5 九	7 三	3 八

　　與下卦排法一樣，只要結合山星與向星的飛佈圖，我們就得到子山午向兼王丙、丁癸七運宅的完整飛星圖如下：

七運子山午向兼壬丙、丁癸飛星盤

3 1 六	7 6 二	7 8 四
4 9 五	2 2 七	9 4 九
8 5 九	6 7 三	1 3 八

　　以下再舉一個子山午向兼壬丙、丁癸的八運宅為例來說明。首先，以八入中排出運星盤。

　　坐山為子，子為坎宮的第二山，這時同樣找坐方巽宮的第二山，也就是辰、巽、巳中的巽山，依據口訣「乾巽六位皆武曲」，因此，要以武曲星6來代替4入中置于左上角，巽居於四隅位的第二山，故為陽，因此，山星要順飛排佈，山星盤如下所示：

5 七	1 三	3 五
4 六	6 八	8 一
9 二	2 四	7 九

　　接下來是向星盤的排佈。向山為午，午為離宮第二山，而向方震宮的第二山為卯山，依據口訣「坤壬乙卯未巨門」，因此，要以巨門星2為替星入中，卯山為陰，故向星必須逆飛排佈如下所示：

3 七	7 三	5 五
4 六	2 八	9 一
8 二	6 四	1 九

結合山星與與向星的飛佈圖，我們就能得到子山午向兼
壬丙、丁癸八運宅的完整飛星圖如下：

八運子山午向兼壬丙、丁癸飛星盤

5 3 七	1 7 三	3 5 五
4 4 六	6 2 八	8 9 一
9 8 二	2 6 四	7 1 九

飛星排佈，乃是按照時間，也就是三元九運，結合空間，

也就是宅第坐向，透過挨星法則，在洛書九宮中，將山、向飛星各自飛泊至其位的方法。是玄空飛星風水的關鍵理論，將來有關理論的吸收以及實際的操作佈局，都有賴於此。有志於學習玄空飛星風水的朋友們，請將此章多看幾遍，務必要求自己能夠熟練挨星法則，如此方能一步一步進入玄空風水學的殿堂之中。

雖然兼盤的實際例子，就如同八字的特殊格局一樣，在現實情形中很少碰到。但是如果碰上了此種特殊實例，還是必須依照相關風水法則來進行操作。

五、運算基礎：九星特性

玄空飛星風水在以羅盤測定方位，並根據三元九運的區分，排定飛星盤之後，就必須依據此飛星盤來判斷房宅吉凶，也就是「飛星斷事」，繼而依星佈局。飛星盤上的每一個數字，即代表了一個飛星，而這些飛星，實際上就是一個卦。因此，每個星都有各自所屬的五行與名稱。飛星一共有九顆，可以說是精算陽宅吉凶的運算基礎，因此，讀者務必要將此部份理解並熟讀，以利將來進行陽宅吉凶的精算。以下分別敘述九星之特性。

一白貪狼星，為坎卦，五行屬水。二黑巨門星，為坤卦，五行屬土。三碧祿存星，為震卦，五行屬木。四綠文曲星，為巽卦，五行屬木。五黃廉貞星，居中無卦，五行屬土。六白武曲星，為乾卦，五行屬金。七赤破軍星，為兌卦，五行屬金。

八白左輔星，為艮卦，五行屬土。九紫右弼星，為離卦，五行屬火。茲將此具體內容以圖示如下：

巽 四綠木 文曲星	離 九紫火 右弼星	坤 黑土 巨門星
震 三碧木 祿存星	中 五行土 廉貞星	兌 七赤金 破軍星
艮 八白土 左輔星	坎 一白水 貪狼星	乾 六白金 武曲星

　　每一顆星，除了所屬五行及名稱外，也有它獨特的內涵。在《沈氏玄空學》一書中，有一篇章名為〈九星斷略〉，具體的闡述了九星的基本意涵。以下將此〈九星斷略〉一文附上，務請讀者好好領會，打好精算陽宅吉凶的厚實基礎。

〈九星斷略〉

　　竊聞《河圖》泄兩儀之秘，《洛書》闡九曜之靈。

　　一白先天在乾，後天居坎上，應貪狼之宿號，為文昌。行屬水，色尚白，秋進冬旺，春洩夏死。士人遇之，必得其祿。庶人遇之，定進財喜。第一吉神也。為剋煞則莊子鼓盆之嗟，卜商喪明之痛有諸。

　　二黑屬土，星稱巨門。發田財則青蚨闐闐，旺人丁則螽斯蟄蟄。然為晦氣病符，憂愁抑鬱，有所不免，暗悶淹延，蓋嘗有之。為剋煞，孕婦有坐草之慮，孀婦矢柏舟之志，或涉婦人而興訟，或因女子以招非；大抵此方不宜修造，犯者陰人不利，其病必久。

　　三碧祿存，星隸震宮，其行木，值其生，興家立業；當其旺，富貴功名。若官災訟非，遇其剋也；殘病刑妻，遭其凶也。犯之者，膿血之災；觸之者，足疾大禍。

　　巽得四數，其色綠，風中木，文曲居之。當其旺，科甲登第，文章有價，君子加官，小人進產；為剋煞，瘋哮自縊之厄，不得免焉，淫佚流蕩之失，勢所有之。

　　五黃廉貞，位鎮中央，威揚八表，其色黃，行屬土，宜靜不宜動，動則終凶；宜補不宜剋，剋之則禍疊。戊己大煞，災害並至，會太歲、歲破，禍患頻仍。故此星值方，在平坦之地，門路短散，猶有疾病；臨高峻之處，門路長聚，定主傷人；值其凶，遭回祿之災，萬室咸燼；遇瘟動之厄，五子云亡；其性最烈，其禍最酷，何其甚也。蓋以土為五行之主，中為建極之基，有天子之尊，司萬物之命，不可輕犯者也。倘有大石尖峰觸其怒，古樹神廟壯其威，如火炎炎，不可嚮邇矣。

　　乾宮六白武曲居之，行屬金，性尚剛，其生旺也，威權震世，巨富多丁；其剋煞也，伶仃孤苦，刑妻傷子。

　　七赤破軍，位居正西，有小人之狀，為盜賊之精。其生旺也，財丁亦增；為剋煞也，官非口舌。秋金主殺，九紫可制，夏月忌臨，八白和之。

　　艮得八數，其色白，其行土。生旺則富貴功名，剋煞則小口損傷，性本慈祥，能化凶神，反歸吉曜；故與一、六皆歸吉論，亦稱三白。

　　離宮九紫，星名右弼，行屬火，性最燥，吉者遇之，立刻發福，凶者值之，勃然大禍，故術家以為趕煞催貴之神。但火性剛不能容邪，宜吉不宜凶，故紫白並稱。

　　飛星盤上各種飛星的組合，是我們進行風水判斷與佈局的依據，而九星就是飛星組合的基本元素，就好比是《易經》的八純卦，是六十四卦的基礎一樣，因此，上述九星斷略所論九星的基本意涵，必須牢牢記住。以便將來進一步說明雙星交會時，不致因為基礎功夫不紮實而無法理解。

　　當然，〈九星斷略〉一文的內容，遠遠無法涵括九星所代表的各種事物。有意深入學習的人，可以依據《梅花易數》八卦萬物類象表中的內容，作更進一步的探究。

　　提醒讀者，在《梅花易數》八卦萬物類象表的諸多內容

中，有關於五行屬性、人物、人事、身體、靜物、疾病、數目、方道（方位）、五色、五味的內容，必須作重點的理解與記憶，以利於將來的精算。

六、當運失運：九星旺衰

〈九星斷略〉提及七赤破軍時云「其生旺也，財丁亦增；為剋煞也，官非口舌。」說明破軍星在生旺時是一種狀態；在剋煞時又是另一種截然不同的狀態。其中的差異在於九星旺衰的差別。而造成旺衰有別的關鍵，在於元運，也就是說，旺衰與時間有關。

運盤九星的排列是依據元運，自中宮起始，依序順飛至其它宮位。一運，一白星入中，一白就是一運中最旺相當令的星。因此，隨著元運的推移更迭，決定了九星旺衰的不同。吉星有失令之時，凶星亦有得令之運。當運則吉，失運則凶。

以八運為例，在九星當中，八白左輔為當令之星，最為吉祥，除此之外，九紫右弼為下一個元運的當令之星，為生氣之星，亦屬吉星。而一白貪狼為未來的生氣之星，亦吉，然而吉的程度遜於九紫。

除此三星之外，其餘則屬失令之星，就是指那些不再當令，退出中宮，氣運衰敗之星。而依據退出中宮時間的久遠程度，又可區分為退氣、煞氣、死氣之星三種。

所謂退氣之星，就是指剛剛退出中宮之星，以八運而言，就是指七赤破軍星，由於剛剛退位，尚有餘氣，屬於中平之

星,不凶不喜。而煞氣之星,則是退出中宮較為久遠,已經轉化為煞氣的星。以八運言,則六白武曲、五黃廉貞、四綠文曲三星,就屬於煞氣之星。

而所謂的死氣之星,則是指那些退出中同時間最為久遠,具有強烈煞氣的凶星。以八運言,則三碧祿存、二黑巨門就屬於死氣之星。因此,《青囊序》云「不問坐山與來水,但逢死氣皆無取。」以2004年以後的八運為例,則其九星之旺衰如下表所示:

八運九星旺衰死絕表

七 赤 退	三 碧 死	五 黃 煞
六 白 煞	八 白 旺	一 白 生
二 黑 死	四 綠 煞	九 紫 生

同理,九運時,則九紫右弼為得令之旺星,一白貪狼為生氣,二黑巨門為未來生氣,於元運言,屬於吉星。而八白為退氣之星,吉凶不顯。而七赤破軍、六白武曲、五黃廉貞,為煞氣之星;而四綠文曲、三碧祿存,則為死氣凶星。以下,再以

九運為例，來說明九星的旺衰情形：

九運九星旺衰死絕表

八　白 退	四　綠 死	六　白 煞
七　赤 煞	九　紫 旺	二　黑 生
三　碧 死	五　黃 煞	一　白 生

　　其它元運，皆可依上述之分析類推，不再贅述。九星在某個元運的生旺死絕狀態，是我們在玄空風水的實際操作層面，一個非常重要的關鍵。有志學習玄空飛星風水的讀者，務必要求自己爛熟於胸，不然將來肯定茫茫然無處入手。

七、吉凶精算：雙星交會

　　在前一節中，筆者已將九星的五行屬性及其特性說明清楚了，有此基礎之後，就要進入更為複雜的雙星組合了。透過雙星組合，我們才能夠真正精算陽宅之吉凶。

　　細看飛星盤中的每一宮位，都不只單一飛星，除了底下的運星以外，上方的左右兩邊分別是山星與向星。而此山向雙星之間的交會碰撞，在彼此的五行屬性的生剋制化作用之下，將會產生變化，形成不同的吉凶。玄空飛星風水就是透過對於雙星交會而形成的各種變化之掌握，進而憑星斷事、依法佈局。

　　在《沈氏玄空學》一書當中，收錄了四篇非常重要的賦文，分別為〈紫白訣〉、〈玄空祕旨〉、〈飛星賦〉，以及〈玄機賦〉。這四篇重要的賦文，重點闡釋了雙星交會碰撞所產生的各種效應。以下分別就這四篇賦文內容，各舉一例來說明。

　　如〈飛星賦〉云「三逢六，患在長男。」３６組合為雷天大壯卦，因三碧祿存星為震卦，在人物上為長男，今六白武曲星為乾卦，五行屬金，要來剋制五行屬木之震卦，因此，長男不利，故謂「患在長男」。

　　又如〈玄機賦〉云「坎流坤位，買臣常遭婦賤之羞。」１２組合為水地比卦，此謂１２的雙星組合中，１為一白貪狼星，於卦為坎，五行屬水，就人物言，坎為男；而２為二黑巨門星，於卦為坤，五行屬土，就人物言為女。以五行生剋制化言，為土剋水，女來剋男，引申為妻來欺夫，男人遭老婆羞辱，因此以朱買臣為例來說明。

　　〈玄空祕旨〉所謂「風行地而硬直難當，室有欺姑之婦。」４２組合成風地觀卦，就萬物類象言，風為巽卦屬木，四綠文曲星於人物為長女，為媳婦；二黑巨門星為坤卦屬土，於人物為家母。因此，４２的雙星組合，其結果為木來剋土，

木勝土敗，因此，主要應母女或婆媳不和。

〈紫白訣〉曰「七九合轍，常招回祿之災。」７９組合之卦為澤火革，由於七赤破軍星為先天火數（南方二七火），而九紫則為後天火星，雙星交併，又受引動，則易招至火災。

由筆者上述所舉的例子可以看出，這些賦文中的內容，無非是透過卦象、五行、星宿、人物……的內容，予以引申說明。因此，只要讀者懂得九星八卦的屬性及其含意，就不難理解各賦所要講述的內容了。因此，前述有關九星論略以及梅花易數八卦萬物類象的內容，必須非常熟練。雙星交會的內容如有不解之處，要麻煩讀者再回過頭去看前面的基礎部份，掌握了基礎之後，對於本節的內容，必能領悟貫通。

另外還要提醒讀者兩個關鍵，首先，概括地說，山向飛星之間，相剋則多凶，凶則需化解，這在往後的篇章中，會做重點說明。此外，玄空飛星風水非常注重元運，也就是時間的因素。因此，在賦文的內容中可以清楚地看到，某種雙星組合在當元與失運的不同時間點，會有或吉或凶的不同效應結果，此點宜視為理解之重點。舉例來說，二九為地火明夷，其雙星組合之結果是九紫離火來生旺二黑坤土，然「得令旺丁，出文秀；失令時則不育，或出愚人。」吉與凶差別非常大，讀者於此宜多加留意。

以下特將雙星組合所產生的各種效應之相關資料予以匯整，希望有志學習玄空飛星風水的朋友，務必多讀幾遍，配合前述的相關基礎，將這些內容做一深入的理解，以利於將來的實務操作。

雙星組合

11 水為坎

一白先天在兌（西方）。後天居坎（北）上。應貪狼之宿，號為文昌，五行屬水，色尚白。一白水，為中男，為魁星。主文學藝術，聰明靈秀，少年科甲。主聲名顯達，名揚四海。

一白水於身為血，為精，為腎、為耳。所以當坎宮有缺陷時，便會產生相應的病症。又一白水主志氣。流水形不美，傾斜，主失志失意。

以上述一白水之含意為核心，則11組合將產生以下的效驗。其餘的各個雙星組合所產生的結果，皆可依此理類推。

〈玄空秘旨〉：「坎宮高塞而耳聾。」　　「漏道在坎宮，遺精洩血。」

〈紫白訣〉：「一白為官星之應，主宰文章。」

〈飛星賦〉：「以象推星，水欹斜兮失志。」

〈玄機賦〉：「坎宮缺陷而墮胎。」

12 水地比

一白坎五行屬水，主男；二黑坤屬土，主女。土來剋水，男被剋，為女欺男，妻來欺夫。又坎於人物為中男。坤卦於身為腹。

〈玄空秘旨〉：「腹多水而膨脹。」

〈玄機賦〉：「坎流坤位，賈臣常遭婦賤之羞。」

〈竹節賦〉：「坤艮動見坎，中男絕滅不還鄉。」
〈秘本〉：「一加二五，傷及壯丁。」

13 水雷屯

一白為水，三碧為木。上元一、三皆當元當旺，水生木名氣。下元則一、三皆失運，主是非，爭訟官非。又三為震卦，為諸侯，為車。
〈玄空秘旨〉：「車驅北闕，時聞丹詔頻來。」
〈玄機賦〉：「木入坎宮，鳳池身貴。」

14 水風井

四綠為文曲，為巽；一白坎為貪狼星。水生木旺，生旺文章顯世，科甲聯芳，身貴名揚。然當失令之時，則四綠主瘋哮血縊，婦女淫亂；男子則酒色破家，漂流絕滅。
〈紫白訣〉：「四一同宮，準發科名之顯。」
〈飛星賦〉：「當知四蕩一淫，淫蕩者扶之歸正。」
〈玄機賦〉：「名揚科第，貪狼星入巽宮。」　　　「木入坎宮，鳳池身貴。」

15

一白坎五行屬水，主男；五黃屬土。土剋水之象。五黃廉貞主災病。一於身為腎，為陰處；五主膿血。
〈飛星賦〉：「子癸歲，廉貞飛到，陰處生瘍。」
〈秘本〉：「一加二五，傷及壯丁。」

16 水天需

　　一白為坎水；六白為乾金。一六共宗是河圖數，主吉。一六為金水相生，得運時，主文學藝術之揚名；失運時，則主不正當之桃花。

〈玄空秘旨〉：「虛聯奎壁，啟八代之文章。」
〈玄機賦〉：「水冷金寒，坎癸不滋乎乾兌。」
〈搖鞭賦〉：「水淫天門（乾）內亂殃。」

17 水澤節

　　一白坎水配七赤兌金。坎於人為中男，兌為少女。主男女多情。又坎為水，為酒，兌為金，為娼，水性淫蕩，故在失元之時，則有貪花戀酒之應。

〈玄空秘旨〉：「金水多情，貪花戀酒。」　　「水金相反，背義忘恩。」　　「雞交鼠而傾瀉，必犯徒流破敗。」
〈飛星賦〉：「或被犬傷，或逢蛇毒。」
〈搖鞭賦〉：「水臨白虎墜胎殺。」

18 水山蹇

　　一白坎卦主腎，主精，主耳；八白艮主狗等動物。土來剋水，故為耳疾，腎疾，被狗或是動物咬傷。又坎於人物為中男。

〈竹節賦〉：【坤艮動見坎，中男絕滅不還鄉 。】

19 水火既濟

　　一白坎水與九紫離火。坎為北，離為南，本來南北相反，水火不容。水主腎，主精，主血；火主智，主目。又坎為中男，離為中女，陰陽正配，九主吉慶。

〈玄空秘旨〉：「南離北坎，位極中央。」　　「離壬合子癸，喜產多男。」　　「相剋水火既濟而有相濟之功，先天之乾坤大定。」

〈飛星賦〉：「火暗而神智難清。」

〈玄機賦〉：「中爻得配，水火方交。」

〈竹節賦〉：「中男合就離家火，夫婦先吉而後有傷。」

《天玉經》：「坎離水火中天過，龍池移帝座。」

〈搖鞭賦〉：「水火破財主眼疾。」

21 地水師

　　一白坎屬水，主男；二黑坤屬土，主女。土剋水，男被剋，女欺男，妻欺夫。（並請參看水地比）

〈玄空秘旨〉：「腹多水而膨脹。」

〈竹節賦〉：「坤艮動見坎，中男絕滅不還鄉。」　　「坤艮四季傷仲子。」

22 地為坤

　　二黑坤巨門星，五行屬土，位屬西南方。二黑是病符星。

〈飛星賦〉：「誰知坤卦庭中小兒憔悴。」　　「若夫申尖興訟。」

〈玄機賦〉：「巨入艮坤田連阡陌。」
《天玉經》：「坤山坤向水坤流，富貴永無休。」

23 地雷復

地為坤，雷為震。地雷復卦，是身受土擊之象。三碧乃蚩尤，好勇鬥狠之星，故木來剋土，名為「鬥牛煞」。

〈紫白訣〉：「鬥牛煞起惹官刑。」
〈玄空秘旨〉：「雷出地而相衝，定遭桎梏。」
〈搖鞭賦〉：「人臨龍位產勞傷。」

24 地風升

二黑坤土主家母，四綠巽屬木。四是木來剋土。四綠為巽為長女，媳婦。故二四地風升主母女不和，婆媳不和，但木剋土，木勝土敗，主母有傷。

〈玄空秘旨〉：「山地被風，還生瘋疾。」　　「風行地而硬直難當，室有欺姑之婦。」
〈飛星賦〉：「寅申觸巳，曾聞虎咥家人。」　　「或被犬咬，或逢蛇毒。」
〈秘本〉：「二逢四，咎當主母。」

25

25是一個極凶的組合。主災病，主損人口。或喪妻之痛。

〈紫白訣〉：「二五交加，罹死亡並生疾病。」　　「二主宅母多病，黑逢黃至出鰥夫。」

〈飛星賦〉：「二黑五黃兮，釀疾堪傷。」

〈秘本〉　：「黃黑交錯，家長有凶。」　　「二五交加必損
主。」

26　地天泰

六白乾金，二六為土生金之象。又乾為金，坤為吝嗇，
二六土生金旺，但吝而無厭。

〈玄空秘旨〉：「富並陶朱，斷是堅金遇土。」

〈紫白訣〉：「二黑飛乾，逢八白而財源大進。」

〈飛星賦〉：「乾為寒，坤為熱，往來切記。」　　「乾坤神
鬼，與他相剋非祥。」　　「交至乾坤，吝心不
足。」

〈玄機賦〉：「地天為泰，老陰之土生老陽。」

27　地澤臨

亦為土生金之象。然而二坤和七兌都是陰。純陰相配，主
不正桃花。純陰之合，故無後。

〈飛星賦〉：「臨，云泄痢。」

〈玄機賦〉：「若坤配兌女，則庶妾難投寡母之歡心。」

《秘本》　：「二七合為火，乘煞氣、遇凶山凶水，乃鳥焚其
巢。」

《搖鞭賦》：「地澤進財後嗣絕。」

28 地山謙

二地坤八山艮土。比旺，且二八合十，旺田園。二黑為巨門星。

〈玄空秘旨〉：「丑未換局而出僧尼。」

〈玄機賦〉：「巨入艮坤，田連阡陌。」　　「坤艮通偶爾之情。」

〈飛星賦〉：「誰知坤卦庭中，小兒憔悴。」

《搖鞭賦》：「地山年幼子孫勞。」

29 地火明夷

九紫生旺二黑土，得令旺丁，出文秀；失令時則不育，或出愚人。

〈紫白訣〉：「二黑飛乾，逢八白而財源大進，遇九紫則瓜瓞綿綿。」

〈飛星賦〉：「火見土而出愚鈍頑夫。」

〈玄機賦〉：「火炎土燥，南離何益乎艮坤。」

31 雷水解

三碧震為雷，五行屬木。一白坎，五行屬水。三一是水來生木。又三碧震，為諸侯，為車，為行。北就是一白坎。當元當運雷水解，水生木而升官揚名。

〈玄空秘旨〉：「車驅北闕，時聞丹詔頻來。」

〈玄機賦〉：「震與坎為乍交。」　　「木入坎宮，鳳池身貴。」

32 雷地豫

　　三碧木，二黑土。木剋土起鬥牛殺。木剋土，生腹疾，故有停食之應。坤主老母，震來剋坤，勞傷損人口，主老母有災，甚至死亡。

〈玄空秘旨〉：「雷出地而相衝，定遭桎梏。」

〈紫白訣〉：「鬥牛煞起惹官刑。」

〈飛星賦〉：「豫，擬食停。」

〈竹節賦〉：「巽震配坤艮，少男老母在家喪。」

〈搖鞭賦〉：「人臨龍位產勞傷。」

33 震為雷

　　當運主富，失運則三碧主官非盜劫。

〈紫白訣〉：「蚩尤碧色，好勇鬥狠之神。」

〈飛星賦〉：「木反側兮無仁。」　　「碧本賊星，怕見探頭山位。」

《天玉經》：「卯山卯向卯源水，大富石崇比。」

34 雷風恆

　　震雷為木，巽風亦為木，木木比旺。三為長男，四為長女。女來就男之象，利男性之桃花。

〈玄空秘旨〉：「貴比王謝，總緣喬木扶桑。」　　「雷風金伐，定被刀傷。」　　「震巽失宮而生賊丐。」

〈飛星賦〉：「同來震巽，昧事無常」　　「碧綠風魔，他處

廉貞莫見。」（原註：雷風相薄，本主瘋病，疊
五黃則立應）

〈玄機賦〉：「雙木成林，雷風相薄。」

〈搖鞭賦〉：「雷風長女多疾病。」

35

五為廉貞五黃。五行屬土。五黃最忌三碧四綠，因木剋
土，激發戾性災病。

〈玄空秘旨〉：「我剋彼而反遭其辱，因財帛以喪身。」

〈飛星賦〉：「碧綠風魔，他處廉貞莫見。」　「寒戶遭瘟，
緣自三廉夾綠。」

36 雷天大壯

三碧震為青龍，六合乾為武曲。乾為金，金剋木為財。左
輔是八白土。如果有八白左輔星生旺六白武曲金星而得財。
三碧木於人為長男，於身則為足，金來剋木，故足傷。

〈玄空秘旨〉：「足以金而蹣跚。」

〈飛星賦〉：「壯途躓足。」　　「更言武曲青龍，喜逢左輔
善曜。」

〈秘本〉：「三逢六患在長男。」

〈搖鞭賦〉：「龍飛天上老翁殀。」

37 雷澤歸妹

震是青龍，兌是白虎。震為長男，龍爭虎鬥，三七是白虎

金來剋青龍木，故傷長男。又木主仁，金主義。

〈玄空秘旨〉：「足以金而躙珊。」　　「長庚啟明，交戰四
　　　　　　　　國。」　「兌位明堂破震，主吐血之災。」
　　　　　　　　「木金相反，背義忘恩。」　　「震庚會局，文
　　　　　　　　雷澤歸妹臣而兼武將之權。」

〈紫白訣〉：「三七疊至，被劫盜更見官災。」　　「三遇七
　　　　　　臨生病，那知病癒遭官，七逢三到生財，豈識財
　　　　　　多被盜。」　　「蚩尤碧星，好勇鬥狠之神，破
　　　　　　軍赤名，肅殺劍鋒之象。」

〈飛星賦〉：「須知七剛三毅，剛毅者，制則生殃。」
　　　　　　「乙辛兮家室分離。」

〈搖鞭賦〉：「龍爭虎鬥而傷長。」

38　雷山小過

　　三碧為震，為雷，為木。八白為艮，為山，為少男。三八
是木剋土。

〈紫白訣〉：「四綠固號文昌，然八會四，而小口殞生；三三
　　　　　　之逢更惡。」

〈竹節賦〉：「碧星入艮卦，郭氏絕賈相之嗣。震配艮，有斗
　　　　　　粟尺布之譏。」

〈秘本〉：「八逢三、四，損由小口。」

39　雷火豐

　　九紫離火，得三碧木生旺。木火通明，主聰明文采。

〈玄空秘旨〉：「棟入南離，驟見廳堂再煥。」　「木見火而生聰明奇士。」

〈飛星賦〉：「赤連碧紫，聰明亦刻薄之萌。」

〈玄機賦〉：「震陽生火，雷奮而火尤明。」

〈搖鞭賦〉：「雷火進財人口貴。」

41 風水渙

一白坎為貪狼星。四綠巽木是文曲星。得一白坎水生文章揚名顯世。

〈紫白訣〉：「四一同宮，準發科名之顯。」

〈飛星賦〉：「當知四蕩一淫，淫蕩者扶之歸正。」　「破近文貪，秀麗乃溫柔之本。」

〈玄機賦〉：「名揚科第，貪狼星在巽宮。」　「木入坎宮，鳳池身貴。」　「坎元生氣，得巽木而附寵聯歡。」

〈搖鞭賦〉：「水風財旺婦女貴。」

42 風地觀

〈玄空秘旨〉：「風行地，而硬直難當，室有欺姑之婦。」　「山地被風，還生瘋疾。」

〈飛星賦〉：「寅申觸巳，曾聞虎咥家人，或被犬傷，或逢蛇毒。」

〈玄機賦〉：「風行地上，決定傷脾。」

〈秘本〉：「二逢四，咎當主母。」

43 風雷益

　　震雷為木，巽風亦為木，木木比旺。然四為巽女，三為怒男，巽女不利。

〈玄空秘旨〉：「貴比王謝，總緣喬木扶桑。」

〈飛星賦〉：「同來震巽，昧事無常。」　　「碧綠風魔，他處廉貞莫見。」

〈玄機賦〉：「雙木成林，雷風相薄。」

〈搖鞭賦〉：「雷風長女多疾病。」

44 巽為風

〈紫白訣〉：「蓋四綠為文昌之神，職司祿位。」

〈飛星賦〉：「風鬱而氣機不利。」　　「巽如反巽為風臂，總憐流落無歸。」

45

　　巽木剋五黃土。五為廉貞五黃。五行屬土。五黃最忌三碧四綠，因木剋土，激發戾性災病。

〈玄空秘旨〉：「我剋彼而反遭其辱，因財帛以喪身。」

〈飛星賦〉：「乳癰兮，四五。」（原註：四為乳，五膿血。）

　　　　　　「碧綠風魔，他處廉貞莫見。」

〈秘本〉：「二妨三，而五妨四；搏弈好飲，田園廢盡。」

46 風天小畜

〈玄空秘旨〉：「巽宮水路纏乾，主有縣樑之厄。」

「相生而有相凌之害，後天之金木交併。」

〈飛星賦〉：「小畜差徭勞碌。」

〈玄機賦〉：「木見戌朝，莊生離免鼓盆之歎。」

〈搖鞭賦〉：「風戶埋天產難亡。」

47 風澤中孚

〈玄空秘旨〉：「雷風金伐，定被刀傷。」　「破軍居巽位，顛疾瘋狂。」（鮑註：破軍，非兌卦也，言敧斜破碎，形似金星，巽上逢之，故出顛狂也。）

〈飛星賦〉：「辰酉兮，閨幃不睦。」

〈秘本〉：「四七臨而文章不顯，嘔血早夭。」

48 風山漸

八白艮為山，為少男。四綠木剋八白土。主損丁。

〈玄空秘旨〉：「山風值而泉石膏肓。」　「山地被風，還生風疾。」

〈紫白訣〉：「四綠固號文昌，然八會四而小口殞生，三八之逢更惡。」

〈搖鞭賦〉：「風戶見鬼墮胎亡。」

49 風火家人

〈玄空秘旨〉：「木見火而生聰明奇士。」

〈玄機賦〉：「巽陰就離，風散則火易熄。」　巽為風，失元時，風吹火熄，凶象。

〈搖鞭賦〉：「風火益財婦。」

51

五黃土剋一白水。

〈飛星賦〉：「子癸歲，廉貞飛到，陰處生瘍。」

52

〈紫白訣〉：「五主孕婦受災，黃遇黑時出寡婦。」

〈飛星賦〉：「黑黃兮，釀疾堪傷。」（原註：二黑在一、二
　　　　　　運為天醫，餘運為病符，若與五黃同到，疾病損
　　　　　　人。）

〈秘本〉：「二五交加必損主。」

53

五為廉貞五黃。五行屬土。五黃最忌三碧四綠，因木剋
土，激發戾性災病。

〈玄空秘旨〉：「我剋彼而反遭其辱，因財帛以喪身。」

〈飛星賦〉：「寒戶遭瘟，緣自三廉夾綠。」

54

〈飛星賦〉：「寒戶遭瘟，緣自三廉夾綠。」　　「乳癰兮，
　　　　　　四五。」

〈秘本〉：「二妨三，而五妨四，搏弈好飲，田園廢盡。」

55

〈紫白訣〉：「運如已退，廉貞飛處眚不一，總以避之為
良。」 「正煞為五黃，不拘臨方到間人，人
口常損。」 「五主孕婦受災。」

56

五黃土生六白乾金。六白金星自然化解五黃。

〈玄空秘旨〉：「富並陶朱，斷是堅金遇土。」 「庭無耄
耋，多因裁破父母爻。」

〈飛星賦〉：「須識乾爻門向，長子痴迷。」

57

〈飛星賦〉：「紫黃毒藥，鄰宮兌口休嘗。」 「青樓染
疾，只因七弼同黃。」 「酉辛年，戊己弔
來。喉間有疾。」

〈玄機賦〉：「兌不利歟，唇亡齒寒。」

58

八白主少男。又艮主股肱筋格，受煞有所傷折。

〈玄空秘旨〉：「家有少亡，只為沖殘子息卦。」

〈玄機賦〉：「艮非宜也，筋傷骨折。」

59

火生土，九紫離火生旺五黃大煞。

〈玄空秘旨〉：「我生之而反被其災，為難產以致死。」

〈飛星賦〉：「青樓染疾，只因七弼同黃。」　　「火暗而神
　　　　　　智難清。」

61　天水訟

　　一六為金水相生，得運時，主文學藝術之揚名；一白坎水
亦主桃花，失運時，則主不正當之桃花。

　　〈玄空秘旨〉：「虛聯奎壁，啟八代之文章。」　　「車驅
北闕，時聞丹詔頻來。」

　　〈玄機賦〉：「水冷金寒，坎癸不滋乎乾兌。」

　　〈搖鞭賦〉：「水淫天門內亂殃。」

62　天地否

　　六白乾金生二黑坤土。當運二黑巨門主土地田莊。失運
則二黑為病符。

〈玄空秘旨〉：「富近陶朱，斷是堅金遇土。」

〈紫白訣〉：「二黑飛乾，逢八白而財源大進。」

〈飛星賦〉：「乾坤鬼神，與他相剋非祥。」　　「交至乾
　　　　　　卦，吝心不足。」（原註：乾為金，坤為吝嗇，故
　　　　　　吝而無厭。）　　「戌未僧尼，自我有緣何益？
　　　　　　」（原註：戌為僧，未為尼，失時相生何益？）

63　天雷無妄

〈玄空秘旨〉：「雷風金伐，定被金傷。」　　「足以金而蹣
　　　　　　跚。」

〈飛星賦〉：「頭響兮六三。」　　「三逢六，患在長男。」

〈竹節賦〉：「金傷雷府，易牙殺子媚君。」　　「鬼入雷
門，惠王子喪於齊。」

64 天風姤

六四就是合十。然始終金木相剋，故有先合後散之應。

〈玄空秘旨〉：「雷風金伐，定被金傷。」　　「四生有合，
人文旺。」

〈玄機賦〉：「木見戌朝，莊生難免鼓盆之歎。」

65

五黃土生六白乾金。

〈玄空秘旨〉：「富並陶朱，斷是堅金遇土。」　　「庭無耄
耋，多因裁破父母爻。」

〈飛星賦〉：「須識乾爻門向，長子痴迷。」

66 乾為天

〈飛星賦〉：「乾若懸頭，更痛遭刑莫避。」（原註：懸頭斷
頭，砂也。遭刑殺戮也。）

《天玉經》：「乾山乾向水流乾，乾峰出狀元。」

67 天澤履

〈紫白訣〉：「交劍煞與多劫掠。」

〈玄機賦〉：「職掌兵權，武曲峰當庚兌。」

　　　　　　　「乾缺元神，用兌金而傍城借主。」

〈竹節賦〉：「蛇驚夢裡，皆緣內兌外乾。」

〈搖鞭賦〉：「天澤財旺女淫亂。」

68　天山遯

〈玄空秘旨〉：「富並陶朱，斷是堅金遇土。」

〈紫白訣〉：「更言武曲青龍，喜逢左輔善曜。六八武科發跡，否亦韜略榮身。」　　「六遇輔星，尊榮不次。」

〈搖鞭賦〉：「天臨山上家富貴。」

69　天火同人

〈玄空秘旨〉：「火燒天而張牙相鬥，家生罵父之兒。」「丁丙朝乾，貴客而有耆老之壽。」

〈紫白訣〉：「九紫雖司喜氣，然六會九而長房血症。」

〈飛星賦〉：「同人，車馬馳驅。」

〈玄機賦〉：「火照天門，必當吐血。」（原註：金主肺，被火剋故吐血也。）

〈秘本〉：「六九為肺，瘻衰則血症，盛必火災。」

〈搖鞭賦〉：「天門見火翁嗽死。」

71　澤水困

　　〈玄空秘旨〉：「金水多情，貪花戀酒。」　　「雞交鼠而傾瀉，必犯徒流。」

〈飛星賦〉：「破近文貪，秀麗乃溫柔之本。」

〈玄機賦〉：「水冷金寒，坎癸不滋乎乾兌。」

〈搖鞭賦〉：「水臨白花墮胎殺。」

72 澤地萃

二黑坤土生七赤兌金。二黑，七赤皆是女性，兩陰相交，不正常的關係。

〈玄空秘旨〉：「富近陶朱，斷是堅金遇土。」　　「陰神滿地成群，紅粉場中空快樂。」

〈玄機賦〉：「若坤配兌女，庶妾難投寡母之歡心。」

〈秘本〉　：「二七合為火，乘殺氣，遇凶山凶水，乃鳥焚其巢。」

73 澤雷隨

〈玄空秘旨〉：「木金相反，背義忘恩。」　　「雷風金伐，定被刀傷。」　　「震庚會局，文臣而兼武將之權。」　　「足以金而蹣跚。」

〈紫白訣〉：「三遇七臨生病，那知病癒遭官，七逢三到生財，豈知財多被盜。」　　「三七疊至，被劫盜更見官災。」　　「黃尤碧星，好勇鬥狠之神，破軍赤名，肅殺劍鋒之象。」　　「運至何慮穿心，然殺星旺臨，終遭殺賊，身強不畏反伏，但助神一去，還見官災。」

〈飛星賦〉：「赤連碧、紫，聰明亦刻薄之萌。」

「須知七剛三毅，剛毅者，制則生殃。」
「乙辛兮家室分離。」
〈搖鞭賦〉：「龍爭虎鬥而傷長。」

74 澤風大過

金剋木，刀傷之象。七為兌少女，四為巽長女。兩女相
交，同性相拒，純陰不和。
〈玄空秘旨〉：「雷風金伐，定被刀傷。」　　「破軍居巽
位，顛疾瘋狂。」
〈飛星賦〉：「破近文貪，秀麗乃溫柔之本。」　　「辰酉兮
閨幃不睦。」

75

〈飛星賦〉：「青樓染疾，只因七弼同黃。」　　「紫、黃毒
藥，鄰宮兌口莫嘗。」　　「酉辛年，戊己弔
來，喉間有疾。」
〈玄機賦〉：「兌不利歟，唇亡齒寒。」

76 澤天夬

〈紫白訣〉：「交劍煞興多劫掠。」
〈玄機賦〉：「職掌兵權，武曲峰當庚兌。」　　「乾乏元
神，用兌金而傍城借主。」

77 兌為澤

〈玄空秘旨〉:「兌缺陷而唇亡齒寒。」

〈紫白訣〉:「破軍赤名,肅殺劍鋒之象。」

〈飛星賦〉:「七有葫蘆之異,醫卜興家。」　　「鐵匠緣鉗鎚七地。」　　「七逢刀盞之象,屠沽居市。」　　「赤為刑曜,那堪射肋水方。」

78 澤山咸

　　左輔八白土生旺七赤破軍,若輔星飛在水口,有巨富之應,應於下元。

〈玄空秘旨〉:「胃入鬥牛,積千箱之玉帛。」

〈玄機賦〉:「澤山為咸,少男之情屬少女。」　　「金居艮位,烏府求名。」

〈竹節賦〉:「甘羅發早,爻逢艮而配兌延年。」

〈搖鞭賦〉:「澤山增福旺少房。」

79 澤火革

〈玄空秘旨〉:「午酉逢而江湖花酒。」

〈紫白訣〉:「七九合轍,常招回祿之災。」　　「七赤為先天火數,九紫為後天火星,旺宮單遇,動始為殃,煞處重逢,靜亦肆虐。」

〈飛星賦〉:「赤、紫兮,致災有數。」　　「紫黃毒藥,臨宮兌口莫嘗。」　　「赤運碧、紫,聰明亦刻薄之萌。」

81 山水蒙

水主腎，主精，主耳。水遭土剋，會有相應的病症產生。

〈竹節賦〉：「坤艮動見坎，中男絕滅不還鄉。」

82 山地剝

八白艮土與二黑坤土比旺，且合十。巨，二黑巨門星。當運有財。

〈玄空秘旨〉：「天市合丙坤，富堪敵國。」　　「丑未換局而出僧尼。」

〈玄機賦〉：「巨入艮坤，田連阡陌。」　　「坤艮通偶爾之情。」

83 山雷頤

三碧木剋八白土。八白艮主少男，

〈紫白訣〉：「四綠固號文昌，然八會四，而小口殞生；三八之逢更惡。」

〈竹節賦〉：「碧星入艮卦，郭氏絕賈相之嗣。」

〈秘本〉：「八逢三、四，損小口。」

84 山風蠱

〈玄空秘旨〉：「山地被風，還生瘋疾。」　　「山風值而泉石膏肓。」

〈紫白訣〉：「四綠固號文昌，然八會四而小口殞生，三八逢之更惡。」

博士教你精算**風水**吉凶

〈飛星賦〉：「寅申觸巳，曾聞虎咥家人。」　　「或被犬
　　　　　傷，或逢蛇毒。」
〈搖鞭賦〉：「風戶見鬼墮胎亡。」

85

五黃煞破八白艮。艮主少男。

〈玄空秘旨〉：「家有少亡，只為沖殘子息卦。」　　「艮傷
　　　　　殘而筋枯臂折。」
〈玄機賦〉：「艮非宜也，筋傷股折。」

86　山天大畜

〈紫白訣〉：「八六文士參軍，或則異途擢用。」　　「武曲青
　　　　　龍，喜逢左輔善曜。」
〈玄機賦〉：「艮配純陽，鰥夫豈有發生之機兆。」
〈竹節賦〉：「艮入乾，有捧撖舞班之樂。」

87　山澤損

〈玄空秘旨〉：「胃入斗牛，積千箱之玉帛。」
〈竹節賦〉：「甘羅發早，交逢艮而配兌延年。」
〈玄髓經〉：「山澤通氣，此少男之精結，少女之胎也。」
　　　　「艮乏元神，無恩星，用兌金，為傍城借局，而
　　　　玉蘊山輝。」

88　艮為山

八白艮土，生旺則主旺財發丁。艮為少男，若艮位遭受煞

沖，主傷少男。

〈玄空秘旨〉：「家有少亡，只為沖殘子息卦。」　　「艮傷
　　　　　　　　殘而筋枯臂折。」　　「離鄉砂見艮位，定遭
　　　　　　　　驛路之亡。」

〈玄機賦〉：「艮非宜也，筋傷股折。」

89　山火賁

〈玄空秘旨〉：「天市合丙坤，富堪敵國。」

〈紫白訣〉：「八逢紫曜，婚喜重來。」

〈玄機賦〉：「輔臨丙丁，位列朝班。」（原註：應在下元。）

91　火水未濟

〈玄空秘旨〉：「陰陽相見，遇冤仇而反無冤。」　　「南離
　　　　　　　　北坎，住極中央。」　　「相剋而有相濟之
　　　　　　　　功，先天乾坤大定。」　　「離壬會子癸，喜
　　　　　　　　產多男。」

〈飛星賦〉：「火暗而神志難清。」

〈竹節賦〉：「獅吼河東，蓋因上離下坎。」　　「中男合就
　　　　　　　　離家火，夫婦先吉而後有傷。」

《天玉經》：「坎離水火中天過，龍墀移帝座。」

〈搖鞭賦〉：「火水破財主眼疾。」

92　火地晉

〈玄空秘旨〉：「陰神滿地成群，紅粉場中空快樂。」

「火見土而出愚鈍頑夫。」

〈玄機賦〉：「火炎土燥，南離何益乎艮、坤？」

〈九星斷略〉：「二黑屬土，星號巨門，發田財則青蚨闐闐，

旺人丁則蟲斯蟄蟄。」

93　火雷噬嗑

〈玄空秘旨〉：「木見火而生聰明奇士。」　　「棟入南離，

驟見廳堂再煥。」

〈玄機賦〉：「震陽生火，雷震而火尤明。」

94　火風鼎

〈玄空秘旨〉：「丙臨文曲，丁近傷官，人財因之耗乏。」

「木見火而生聰明奇士。」

〈玄機賦〉：「巽陰就離，風散則火易熄。」

「離共巽而暫合。」（原註：皆得相生之義，惟非

正配，偶然而已。）

95

　　五黃大煞破局。火生土而洩，我生者為傷官，是命學的
術語。土由火生，所以土是火的傷官。九紫離火生旺五黃廉貞
大煞而成災。

〈玄空秘旨〉：「丙臨文曲，丁近傷官，人財因之耗乏。」

「我生之而反被其災，為難產以致死。」

「值廉貞而頓見火災。」　　「火見土而生愚鈍

頑夫。」

〈飛星賦〉：「青樓染疾，只因七弼同黃。」

96　火天大有

〈玄空秘旨〉：「火燒天而張牙相鬥，家生罵父之兒。」
　　　　　　　「丁丙朝乾，貴客而有耆耋之壽。」
〈紫白訣〉：「九紫雖司喜氣，六會九而長房血證。」
〈玄機賦〉：「火照天門，必當吐血。」
〈搖鞭賦〉：「天門見火翁嗽死。」

97　火澤睽

〈玄空秘旨〉：「午酉逢而江湖花酒。」
〈紫白訣〉：「七九合轍，常招回祿之災。」
〈飛星賦〉：「紫、黃毒藥，臨宮兌口莫嘗。」　　「青樓染
　　　　　疾，只因七弼同黃。」

98　火山旅

〈玄空秘旨〉：「天市合丙坤，富堪敵國。」
〈紫白訣〉：「八逢紫曜，婚喜重來。」
〈玄機賦〉：「輔臨丁丙，位列朝班。」　　「火炎土燥，南
　　　　　離何益艮坤。」
〈秘本〉：「輔弼相輝，田園富盛，子孫繁衍。」

99　離為火

〈玄空秘旨〉：「火曜連珠相值，青雲路上自逍遙。」

〈飛星賦〉：「火暗而神智難清。」（原註：火為神，若離宮
　　　　　　幽暗，主神昏。）
〈玄機賦〉：「離位巉巖而損目。」
《天玉經》：「午山午向午來堂，大將值邊疆。」

八、吉凶關鍵：乘旺開門

　　影響一間房宅的吉凶因素不少，而其中最為關鍵的一
點，就在於「門」。整間宅第由門來納氣，所謂的「氣」周流
六虛，充塞於天地之間，開戶一啟，氣即由此而入，是故門乃
一宅之「氣口」。此納氣之「氣口」，就如同一個人的口，食
物由此而入。長時期吃進具有營養、好的食物，則有益身體
健康；反之，如果吃下有害的、不潔的東西，對身體肯定有所
損害。此即《陽宅三十則》所云「陰宅重向水，陽宅重門向。
門向所以納氣。如門外有水放光，較路尤重，衰旺憑水，權衡
在星之理，蓋亦無稍異也。」之理。
　　由於房宅的門在風水學上具有關鍵的地位，因此在《沈
氏玄空學》一書中所載的綱領性文字《陽宅三十則》中，直接
闡述關於「門」的內容，就有第三則的「門向屋向」、第五則
的「大門旁開」、第六則的「屋大門小」、第七則的「乘旺開
門」、第八則的「新開旺門」、第九則的「旺門蔽塞」，以及
第十則「旺門地高」。除此之外，內容與門相關的還有「隔運
添造」、「分房挨星」、「數家同居」、「分宅」、「逢囚不
囚」、「店屋」、「財丁秀」、「路氣」等等內容。由此即可見

「門」在陽宅風水學上的關鍵程度。

就玄空飛星風水言，門所納的飛星為何，對於這間房宅的吉凶禍福影響甚大。此即上述所謂「權衡在星之理」。其中，又以向首一星，堪稱是重點中的重點。此即《陽宅三十則》所云「凡陽宅以大門向首所納之氣斷吉凶」之真締。亦即玄空宗師蔣大鴻在其巨著《天元五歌》中所謂「向首一星災福柄，去來二口死生門。」之至理名言指陳的義理核心。

然而，想要知道門納何星，則根據玄空飛星的學理，我們必須要知道房宅建造的時間，以確立元運；其次，還有房宅的坐向方位；此外，還有開門的位置。這三個條件，可謂缺一不可。以下就以一2013年建造，位居巽山乾向之宅第為例，來加以說明。此飛星圖示如下：

↑
乾向

A	B	C
5 7 一	6 8 九	2 4 四
1 3 五	7 9 八	4 6 二
3 5 三	8 1 七	9 2 六

巽山
⊥

　　八運的巽山乾向之宅，就理氣判局，屬於到山到向之宅。縱令如此，而開A、B、C之門，卻有極大的吉凶差異，以下逐一說明。如果此宅開的是左方的A門，也就是俗稱的青龍門，則向星７赤破軍為退氣之星，吉凶不顯；然而５７的雙星組合，７為破軍星，於卦為兌卦，主喉部，五為廉貞災病之星，因此，門開此方，將會有喉部的相應病症產生，不吉。

　　如果此宅第開的是中間的B門，則此門納的是當旺之令星８，故屬於旺門，而６８的飛星組合亦佳，主進財，利田宅。又或此宅開右邊的C門，也就是俗稱的白虎門，則向星４為死煞之星，凶；而且２４的雙星組合，為四綠文曲星來剋二黑巨門星，四綠為巽，主長女、媳婦之信息，而二黑為坤，為家母之信息，因此，此門一開，將會產生母女或婆媳不和，主母有傷的效應。

　　門的效應如此之鉅，故蔣大鴻在《八宅天元賦》謂「改一門，頓分枯菀；移一巷，立判灾祥。」《沈氏玄空學》亦云「陽宅氣從門入，儘有失旺之地，改一旺門，便能起衰。得元之地，行一衰門，便至減福。尺寸之間，不可不慎也。」再三申明「門」在風水上的關鍵地位。

　　因此，玄空飛星風水，在操作上講究的是要能「乘旺開門」。而在實務操作上，如果一間宅第所納飛星不利，然而在建造的時間與房宅的坐向方位都已經無法改變的前提之下，此時，最為有效的方法就是改變開門的位置。以下即以《陽宅三十則》中第七則所云「乘旺開門」的例子來加以說明。此例是壬山丙向一運的三合院型式的宅第，其飛星圖示如下：

↑
丙向

7 4 九	2 9 五	9 2 七
8 3 八	6 5 一	4 7 三
3 8 四	1 1 六	5 6 二

壬山
⊥

　　依據此例，《陽宅三十則》謂「凡舊屋欲開旺門，須從舊屋起造時，某運之飛星推算，如一白運立壬山丙向，旺星到坐，原非吉屋，到三碧運在甲方開門，方能吸收旺氣，緣起造時向上飛星三碧到震，交三運乘時得令；非為地盤之震三也。若開卯門亦須兼甲，以通山向同元之氣也。」，也就是說，對於失運或是不旺的房宅，可以透過乘旺開門之理，重新開一旺門來吸納旺氣，達到改造房宅氣運之功效。

　　依前述學理，飛星盤之排佈必須根據起造的元運以及房宅的坐向方位，以此例言，為一運壬山丙向之宅，在無法改變上述條件下，三運時，三碧祿存星為當運旺星，飛至東方震宮，因此，如果此宅改在震宮開門，則能吸納旺星之氣，轉凶為吉。至於為何說要開甲門，或開卯門亦要能兼甲之氣，原因

在於壬、丙隸屬於「地元龍」，而在震宮所在的三山甲、卯、乙中，甲亦屬於「地元龍」，開甲門則能達到「一卦純清」，效果更佳。

因此，在實際的風水操作上，設若當初開的宅門無法吸納旺衰，而成為一退敗之凶宅。則可依據本節所說「乘旺開門」之理，予以調整，以達到振衰起弊、扭轉乾坤之效果。

九、上山下水：格局判定

風水的吉凶優劣，該如何去判定。依據玄空飛星的學理，不論是陰宅或是陽宅，都是透過「山上龍神」與「水裡龍神」落於何方為依據，並配合外部形勢，來判定其吉凶優劣。透過此節的說明，一定能讓讀者知道如何選擇風水吉地，而避開不佳的風水格局，達到「趨吉避凶」的效果。

到山到向之吉地

針對如何判定風水吉凶之關鍵，《沈氏玄空學》書中論「上山下水與收山出煞」一節中有云：「《青囊序》曰：『山上龍神不下水，水裡龍神不上山。』此語乃吉凶之樞紐，禍福之關鍵，為玄空理氣中扼要法門。山主人丁，水主財源。龍神得失，所關至巨。」

前文已經說過，在飛星圖中，位居左上方的稱之為山星；位居右上方的飛星則為向星。而所謂的「山上龍神」與

「水裡龍神」，指於就是當旺的山星與向星。也就是說，當時值七運時，山星7就是所謂的「山上龍神」；向星7則是所謂的「水裡龍神」。進入到八運之後，則「山上龍神」指的是山星8；而「水裡龍神」則為向星8，依此類推。

依據此一學理，則最佳的風水吉地，是當旺的山、向二星，都能飛到它們應該去的地方。也就是「山上龍神」飛至坐山方位；而當旺的水星，「水裡龍神」飛至向山方位。此種風水吉地，稱之為「到山到向」，或是「旺山旺向」之寶地，一般主丁、財兩旺。舉例來說，八運的未山丑向，即屬此種「到山到向」的格局，其飛星圖如下所示：

未山

6 3 七	1 7 三	8 5 五
7 4 六	5 2 八	3 9 一
2 8 二	9 6 四	4 1 九

丑向

依據此未山丑向八運宅第飛星圖來看，則以山星言，飛星五入中宮，逆佈飛星，當令山星8到坐山方，亦即坤宮位

置。以向星言，飛星二人中宮，亦逆排飛星，則當令向星8
飛至艮宮向山方。「山上龍神」到坐方；「水裡龍神」亦至向
方，所謂「到山到向」，屬於風水上上佳的吉旺格局。

上山下水之凶局

　　而與「到山到向」相反的格局，也就是當旺的山星飛到
了向山方位；而當旺的向星則是飛至坐山方位，換言之，亦即
是當旺的山、向二星，都能飛到了它們不應該去的地方，如此
一來，也就構成了風水上所謂的「上山下水」之凶局。以下則
以一實際的例子來說明「上山下水」的格局：

坤向

1　4	6　9	8　2
七	三	五
9　3	2　5	4　7
六	八	一
5　8	7　1	3　6
二	四	九

艮山

　　上圖為艮山坤向八運宅第之飛星圖。依據此圖，以山星
論，飛星二入中宮，飛星順排，當令山星8飛到了向山方位，

亦即坤宮位置。而以向星言，則飛星五入中宮，亦順佈飛星，則形成當令向星8飛到了向山方位，也就是艮宮的位置。「山上龍神」原應到坐方，卻飛到了向方，形成了「山上龍神」下水的情形；而「水裡龍神」原應飛到向方，這時卻飛臨坐方，形成了「水裡龍神」上山的局面。不論山星與向星，都飛到了不應飛臨之處，而合此山、向雙星的情形，即構成了所謂「上山下水」，屬於風水上極凶的壞格局。一般而言，此種格局難逃丁、財兩敗之命運。在選擇房宅風水上，必須避開此種極差的格局。

形理兼顧

在此有一個至關重要的要點必須加以補充說明。那就是上述的格局，不論是「到山到向」，抑或是「上山下水」的格局，僅僅是就飛星圖，也就是理氣方面的學理來說，而就實際的判定來說，光有理氣是不夠的，必須要配合巒頭方面的條件才行。

也就是說，在吉凶格局的判定上，必須同時考量理氣與巒頭，做到「形理兼顧」，才不致於有誤。這也就是《沈氏玄空學》所云：「上山下水，倘配于坐空朝滿之局，龍真穴的，亦能發福。因上山而仍遇水，下水而又逢山故也。」一段話的真義所在。

舉例來說，上述未山丑向八運宅，在理氣上屬於「到山到向」之格局，當令山星飛臨坐方，但如果坐方形勢低陷，又或是坐方剛好有一水池，則此時亦犯「山上龍神下水」之病，

人丁方面不吉。由此可見,理氣之格局,必須有相應的巒頭配合,方為吉地。

反之,上述艮山坤向八運宅第,在理氣上雖屬於「上山下水」的格局,但如能像《沈氏玄空學》所云配合了「坐空朝滿之局」,亦即「倒騎龍」的外部形勢,則能夠轉凶為吉。所謂的了「坐空朝滿」、「倒騎龍」,就是指前高後低的形勢,則原本犯了山星下水以及向星上山之弊端,皆因外部巒頭局勢而有救之故。

此一「形理兼顧」的要點在實際的判局上,至關重要,希望讀者萬萬不能忽略,否則,將會判錯吉凶,務必切記!

伏吟反吟

除了「上山下水」這種極凶的格局外,在風水上,還有一些不利的格局,諸如伏吟與反吟的格局。針對此種格局,《沈氏玄空學》謂「其禍害較上山下水為尤甚,犯此主家破人亡。」可見伏吟反吟之格局亦甚凶。因此,亦是我們在選擇宅第時,所應該避開的。

就學理上言,所謂的伏吟與反吟,依據《沈氏玄空學》之定義,即為「山、向兩星五入中宮,順局為伏吟,逆局為反伏吟,蓋所忌在與地盤相犯耳。」也就是說,當山星與向星五入中宮時,如為順飛,則各宮位之飛星與洛書九宮之數字一致,即形成伏吟之局;如果逆佈,則各宮位之飛星飛至對沖之宮位,如一白星飛往離宮,七赤星飛星震宮,則構成反吟之格局。

　　舉例來說，申山寅向八運宅之圖示如下：

申山

4 七	9 三	2 五
7　4 六	⑤　2 八	7 一
8 二	1 四	6 九

寅向

　　以此八運的申山寅向飛星圖來說，則山星五入中宮（為了讀者理解上的方便，特將向星略去不寫。），山星順飛排佈，則山星六白金飛至乾六宮，山星九紫火飛至離九宮，山星三碧木飛至震三宮，一白水星飛至坎一宮……。故所謂伏吟，實即飛星各居原宮本位不動之情形。另外，如八運的寅山申向、六運的乾山巽向，則為向星五入中宮，順飛排佈，形成了向星伏吟之局。讀書可以參考前面的飛星圖，在此不再贅錄。以下再以癸山丁向九運之飛星圖來說明反吟之格局，其圖如下所示：

丁向

6 七	1 三	8 五
7 4 六	⑤ 4 八	3 一
2 二	9 四	4 九

癸山

　　以此九運之癸山丁向飛星圖來說，則山星五入中宮（為
了讀者理解上的方便，亦將向星略去不寫。）山星逆飛排
佈，則山星六白金飛至對面之巽四宮，山星九紫火飛至對沖
之坎一宮，山星三碧木飛至兌七宮，一白水星則飛到了離九
宮……。故所謂的反吟，實即飛星飛到了與原本位置對沖之
宮位。另外，如七運的辛山乙向、六運的戌山辰向，則為向星
五入中宮，順飛排佈，形成了向星反吟之局。讀者請參考前面
的飛星圖，不再贅錄。

　　除非在仔細審察，並有某種外部巒頭的配合，且能「乘
旺開門」的種種條件配合之下，在實際的風水操作上，則類
似格局方有轉危為安之可能性。然而，此種操作有其難度，
因此，對於一般人而言，上述舉凡「上山下水」、「伏吟」、
「反吟」的風水格局，原則上都是應該避之為吉的。

十、精算進階：年月飛星

　　就玄空飛星風水言，一間房宅的吉凶，要依三元九運，廿四山的方位所形成的條件為準，排出飛星盤，作為判斷的依據。然而，在「歲月更迭」、「斗轉星移」的變化中，亦會產生不同的吉凶差異。而這就是所謂的的年、月、日、時紫白飛星飛佈所產生的結果。在玄空風水巨著《沈氏玄空學》當中，就有關於流年飛星、流月飛星、流日飛星、流時飛星的排佈計算方式。但是，流日與流時飛星，除了理論研究以及以天星來擇吉的一派言，在風水操作的實務上，用處並不大。因此，就實際的風水操作上來說，應以前二者為重點，而這兩者當中，又以流年紫白飛星的計算最為重要。

　　流年紫白飛星的計算方式，乃是以甲子為首來起飛星，而上、中、下元各有不同。上元甲子起於一白貪狼星；中元甲子始於四綠文曲星；下元則甲子起自七赤破軍星。然後逆行排佈。例如中元時甲子年起四綠文曲星，則次年乙丑年逆行逆數為三碧祿存星。中元的丙寅年就是二黑巨門星；丁卯年則是一白貪狼星，以此類推。以下即以圖表方式呈現，方便讀者查閱。

入中年紫白九星一覽表

上元	一白	九紫	八白	七赤	六白	五黃	四綠	三碧	二黑
中元	四綠	三碧	二黑	一白	九紫	八白	七赤	六白	五黃
下元	七赤	六白	五黃	四綠	三碧	二黑	一白	九紫	八白
流年干支	甲子	乙丑	丙寅	丁卯	戊辰	己巳	庚午	辛未	壬申
	癸酉	甲戌	乙亥	丙子	丁丑	戊寅	己卯	庚辰	辛巳
	壬午	癸未	甲申	乙酉	丙戌	丁亥	戊子	己丑	庚寅
	辛卯	壬辰	癸巳	甲午	乙未	丙申	丁酉	戊戌	己亥
	庚子	辛丑	壬寅	癸卯	甲辰	乙巳	丙午	丁未	戊申
	己酉	庚戌	辛亥	壬子	癸丑	甲寅	乙卯	丙辰	丁巳
	戊午	己未	庚申	辛酉	壬戌	癸亥			

　　而流年飛星與原局飛星盤之間具體的應用方法，則是如《陽宅三十法則》所云「陽宅挨星，與陰宅無異，以受氣之元運為主，山向飛星，與客星之加臨為用。」所謂的「客星」則是指依年、月、日、時所飛臨的流年飛星、流月飛星、流日飛星，以及流時飛星。而上述的原理就是以原局飛星盤的飛星為主，以加臨的客星，也就是流年飛星等為用，綜合參斷之意。以下即以一丑山未向八運宅為例來加以說明，其飛星圖如下：

未向

3　6 七	7　1 三	5　8 五
4　7 六	2　5(9) 八	9　3(2) 一
8　2 二	6　9 四	1　4(1) 九

丑山

　　假設此宅開的是西門，也就是兌宮開門，則其門星所納的是93星組。向星三碧祿存星於八運為失令凶煞之星，故而93的組合會有肝病之效應。則以流年星飛來看，2009己丑流年為九紫右弼星入中，一白貪狼星到乾宮，二黑巨門星飛臨兌宮（參看上圖）。流年二黑巨門為病符星凶星，因此，住此宅的的人，在己丑流年時，肝病會有加重的情形產生。這就是流年紫白飛星所帶來的效應。

　　除了流年紫白飛星之外，在風水的操作上，有時亦要考慮流月紫白飛星。而流月紫白飛星則是以年支來區分。只要流年地支逢子、午、卯、酉，一月，也就是正月以八白右弼星入中宮，其餘飛星則順飛排佈。其餘月份則逆數，例如二月則以七赤破軍入中宮，三月以六白武曲星入中宮，四月則以五黃廉貞星入中排佈，以此類推。

若逢年支為辰、戌、丑、未之流年，則一月是以五黃廉貞星入中順排，其餘月份排佈方式亦同理。二月為四綠，三月為三碧，四月為二黑入中順飛……。臨寅、申、巳、亥之流年，則一月份要以二黑巨門星入中順排，其餘月份亦以逆數方式，順次挨排，二月份一白入中，三月份九紫入中，四月份八白星入中，五月份七赤星入中，以此類推，不再贅述。

逐月入中紫白九星一覽表

年　支	子午卯酉年	辰戌丑未年	寅申巳亥年
一 月	八 白	五 黃	二 黑
二 月	七 赤	四 綠	一 白
三 月	六 白	三 碧	九 紫
四 月	五 黃	二 黑	八 白
五 月	四 綠	一 白	七 赤
六 月	三 碧	九 紫	六 白
七 月	二 黑	八 白	五 黃
八 月	一 白	七 赤	四 綠
九 月	九 紫	六 白	三 碧
十 月	八 白	五 黃	二 黑
十一月	七 赤	四 綠	一 白
十二月	六 白	三 碧	九 紫

　　流年飛星主管一年的吉凶；流月飛星則主宰一月的吉凶。二者的結合，將會帶來不同的吉凶效應。此種吉凶效應之不同，可說是陽宅吉凶精算的精微之處。舉例來說2012壬辰年屬於八運，年紫白飛星為六白入中，飛佈出來星盤如下（年紫白飛星以大寫國字來代表）：

2012流年飛星圖

五	南 一	三
東 四	六	西 八
九	北 二	七

　　八白星飛臨西方，而八白左輔星為當運得令之吉旺飛星。照理說，門開西方之宅在2012壬辰年會財星高照。但是，農曆四月份，查看月紫白飛星一覽表，則為二黑巨門星入中，四綠文曲星飛星西方，而流年飛星與流月飛星結合，將產生如下圖所示之結果（月紫白飛星以阿拉伯數字來代表）：

1 五	6 一	8 三
9 四	2 六	4 八
5 九	7 二	3 七

　　流年與流月飛星結合的結果，形成了８４的組合。而依據雙星組合來說，則為「山地被風，還生瘋疾」、「四綠固號文昌，然八會四而小口殞生，三八逢之更惡。」等等，因此，在2012壬辰年的農曆四月份，非但沒有財星高照之吉應。反而會產生小孩生病、精神方面失調等等的不吉效應。這就是流年與流月飛星的實際作用情形。透過對年月星飛作用的掌握，我們就能精算風水的吉凶。

　　在此必須注意的是，所謂的流年、流月的劃分，並非依據農曆的初一為分界點，而是依據廿四節氣來劃分的。

　　具體方法是以十二個月配上二十四節氣，每月各有一個節及一個氣。正月，亦即寅月分別是立春、雨水。二月為驚蟄、春分。三月為清明、穀雨。四月為、立夏，小滿。五月為芒種、夏至。六月為小暑、大暑。七月為立秋、處暑。八月為白露、秋分。九月為寒露、霜降。十月為立冬、小雪。十一月為大雪、冬至。十二月為小寒、大寒。

　　在這廿四節氣當中，排在前面的，如正月的立春、二月的驚蟄、三月的清明等等，就是所謂的節；而看在後面的，如正月的雨水、二月的春分、三月的穀雨等等，都是所謂的氣。依此類推。

　　圍繞著節氣，在數術上產生了幾個常常為人忽略的錯誤。其中一個人們容易混淆的問題是，每一年的開端是那一天，究竟是每年國曆的一月一日，還是農曆的正月初一。其實都不是。正確來說，是以每年的「立春」那一天為一年的開端。立春以前是上一年，立春以後才是今年。

　　還有一個更容易違犯的錯誤是，幾乎所有的數術推算模式，包括了玄空風水、六爻卦、梅花易數、四柱、大六壬、奇門遁甲等等。都必須嚴格遵循二十四節氣的計月方式，方不失準。也就是說，每個月是以那個月的節作為開端，而非每月的農曆一號。以農曆六月為例，要以小暑為六月之開端；而子月，也就是農曆十一月的開端則是大雪，此點在流年與流月飛星的計算上非常重要，不可不慎。

十一、人宅相配：風水命卦

　　在風水操作的結尾階段，常有主人提出類似的疑問，比如說「廚房的廚具該選用何種顏色？」「地磚該選用什麼顏色？」「房子漆成米黃色對我好不好？」「我喜歡粉紅色系的窗簾，適不適合我？」諸如此類的問題為數不少，這類問題涉及到房宅與人相配的問題，要解決此類問題，必須要知道主

人的風水命卦。風水命卦，亦稱之為年命星。

　　每個人的風水命卦各不相同，於是便會與房宅的飛星之間形成不同的生剋關係，這也造成一家人同住一吉慶之宅，吉凶卻有差別的緣故。風水命卦不同於人的八字。八字是用來分析推斷人一生的窮通禍福用的，而風水命卦則是用在風水的具體操作上。風水命卦的計算，是以每個人的出生年份為基礎來進行。

　　在計算方式上，男女有別。且在計算時，一律將出生年轉換成西元計算方式。男命是用11減去所有年份的相加數字，所得到的餘數就是此男的風水命卦；女生則是用4加上所有年份的相加數字，所得到的餘數就是該女的風水命卦。茲以簡單方式，將命水命卦的算法表述如下：

　　　　男命＝11－相加數
　　　　女命＝4＋相加數

　　舉例來說，以一對民國六十九年出生的男女來說，轉換成西元為1980年，根據計算方法，其相加數為1＋9＋8＋0＝18，繼續相加下去，直到結果小於九，即1＋8＝9，接著用11減去此一相加數9得到結果為2，因此，該男就是二黃命。再以此年所生的女子言，則為4加上相加數9得到13，結果大於9者，必須減去9，於是得到結果為4，因此，此年出生的女性就屬於四綠命。

　　例如一個民國一百零一年出生的女性，先將其出生年轉換成西元2012年，則相加數為2＋0＋1＋2＝5，接著用4加上此

一相加數5得到結果為9，也就是說，此女的風水命卦屬於九
紫命。

　　而一個民國九十二年出生，也就是1993年生的男性，其
相加數為1＋9＋9＋3＝22，接著再用2＋2＝4，得到了相加數
等於4，最後再以11減去此相加數4得到結果為7，因此，此年
所生的男性屬於七赤命。另外要加以說明的是，五黃命時，男
性代之以二黑坤；女性則代之以八白艮。首先我們必須知道
九星的五行屬性。各風水命卦的五行屬性如下：

風水命卦五行屬性

　　一白命，五行屬水。於卦為坎。

　　二黑命，五行屬土。於卦為坤。

　　三碧命，五行屬木。於卦為震。

　　四綠命，五行屬木。於卦為巽。

　　五黃命，五行屬土。男為坤，女作艮。

　　六白命，五行屬金。於卦為乾。

　　七赤命，五行屬金。於卦為兌。

　　八白命，五行屬土。於卦為艮。

　　九紫命，五行屬火。於卦為離。

　　在知道個人的風水命卦及其五行屬性之後，就能以此為
基礎，對上述諸如地磚、窗簾、廚具等種種問題，提供一有效
的解決。事實上，讀者只要細心探究，則不難發現，上述的道
理仍然不脫彼此之間五行生剋制化的範疇。就原則言，在旺
相當元的基礎上，要選取增加自己氣數的五行，避免選擇減

損自己氣數的五行，這是操作上的具體綱領。

所謂增加，就是要取能夠生扶或比助自己的五行，而要避免剋制或洩泄自己的五行。例如命主為三碧命或四綠命，則三碧與四綠五行屬木，因此，喜水來生扶，喜木來比助，因此，可以選擇黑色、深藍色、青色、綠色等等，五行屬水、木的顏色來增旺自己的氣數；相反的，木怕金來剋制，怕火來洩瀉，因此，在顏色的選取上，要避開白色、金色、紅色、紫色、粉紅色等等，五行屬於金、火的顏色來減損自己的氣數。

再舉一個例子來說明。假如命主為二黑、五黃、八白命，則此三種風水命卦五行屬土，因此，最喜火來生扶，喜土來比助；忌木來相剋，忌金來洩泄。因此，在顏色的選用上，就應選擇諸如黃色、咖啡色、紅色、紫色、粉紅色等等，五行屬於土、火的顏色來生旺自己。要避開五行屬金、木的五行，好比白色、金色、青色、綠色等等，避免損傷自身的氣數。

男女風水命卦速查表

出生年份	生肖	男命	女命
1934甲戌年	狗	三碧	三碧
1935乙亥年	豬	二黑	四綠
1936丙子年	鼠	一白	五黃
1937丁丑年	牛	九紫	六白
1938戊寅年	虎	八白	七赤
1939己卯年	兔	七赤	八白
1940庚辰年	龍	六白	九紫

出生年份	生肖	男命	女命
1941辛巳年	蛇	五黃	一白
1942壬午年	馬	四綠	二黑
1943癸未年	羊	三碧	三碧
1944甲申年	猴	二黑	四綠
1945乙酉年	雞	一白	五黃
1946丙戌年	狗	九紫	六白
1947丁亥年	豬	八白	七赤
1948戊子年	鼠	七赤	八白
1949己丑年	牛	六白	九紫
1950庚寅年	虎	五黃	一白
1951辛卯年	兔	四綠	二黑
1952壬辰年	龍	三碧	三碧
1953癸巳年	蛇	二黑	四綠
1954甲午年	馬	一白	五黃
1955乙未年	羊	九紫	六白
1956丙申年	猴	八白	七赤
1957丁酉年	雞	七赤	八白
1958戊戌年	狗	六白	九紫
1959己亥年	豬	五黃	一白
1960庚子年	鼠	四綠	二黑
1961辛丑年	牛	三碧	三碧

出生年份	生肖	男命	女命
1962壬寅年	虎	二黑	四綠
1963癸卯年	兔	一白	五黃
1964甲辰年	龍	九紫	六白
1965乙巳年	蛇	八白	七赤
1966丙午年	馬	七赤	八白
1967丁未年	羊	六白	九紫
1968戊申年	猴	五黃	一白
1969己酉年	雞	四綠	二黑
1970庚戌年	狗	三碧	三碧
1971辛亥年	豬	二黑	四綠
1972壬子年	鼠	一白	五黃
1973癸丑年	牛	九紫	六白
1974甲寅年	虎	八白	七赤
1975乙卯年	兔	七赤	八白
1976丙辰年	龍	六白	九紫
1977丁巳年	蛇	五黃	一白
1978戊午年	馬	四綠	二黑
1979己未年	羊	三碧	三碧
1980庚申年	猴	二黑	四綠
1981辛酉年	雞	一白	五黃
1982壬戌年	狗	九紫	六白

出生年份	生肖	男命	女命
1983癸亥年	豬	八白	七赤
1984甲子年	鼠	七赤	八白
1985乙丑年	牛	六白	九紫
1986丙寅年	虎	五黃	一白
1987丁卯年	兔	四綠	二黑
1988戊辰年	龍	三碧	三碧
1989己巳年	蛇	二黑	四綠
1990庚午年	馬	一白	五黃
1991辛未年	羊	九紫	六白
1992壬申年	猴	八白	七赤
1993癸酉年	雞	七赤	八白
1994甲戌年	狗	六白	九紫
1995乙亥年	豬	五黃	一白
1996丙子年	鼠	四綠	二黑
1997丁丑年	牛	三碧	三碧
1998戊寅年	虎	二黑	四綠
1999己卯年	兔	一白	五黃
2000庚辰年	龍	九紫	六白
2001辛巳年	蛇	八白	七赤
2002壬午年	馬	七赤	八白
2003癸未年	羊	六白	九紫

出生年份	生肖	男命	女命
2004甲申年	猴	五黃	一白
2005乙酉年	雞	四綠	二黑
2006丙戌年	狗	三碧	三碧
2007丁亥年	豬	二黑	四綠
2008戊子年	鼠	一白	五黃
2009己丑年	牛	九紫	六白
2010庚寅年	虎	八白	七赤
2011辛卯年	兔	七赤	八白
2012壬辰年	龍	六白	九紫
2013癸巳年	蛇	五黃	一白
2014甲午年	馬	四綠	二黑
2015乙未年	羊	三碧	三碧
2016丙申年	猴	二黑	四綠
2017丁酉年	雞	一白	五黃
2018戊戌年	狗	九紫	六白
2019己亥年	豬	八白	七赤
2020庚子年	鼠	七赤	八白
2021辛丑年	牛	六白	九紫
2022壬寅年	虎	五黃	一白
2023癸卯年	兔	四綠	二黑
2024甲辰年	龍	三碧	三碧

〈附錄〉

六至九運正盤飛星圖

壬山丙向

六運

3 9 五	7 5 一	5 7 三
4 8 四	2 1 六	9 3 八
8 4 九	6 6 二	1 2 七

七運

2 3 六	7 7 二	9 5 四
1 4 五	3 2 七	5 9 九
6 8 一	8 6 三	4 1 八

八運

5 2 七	9 7 三	7 9 五
6 1 六	4 3 八	2 5 一
1 6 二	8 8 四	3 4 九

九運

4 5 八	9 9 四	2 7 六
3 6 七	5 4 九	7 2 二
8 1 三	1 8 五	6 3 一

丙山壬向

六運

9 3 五	5 7 一	7 5 三
8 4 四	1 2 六	3 9 八
4 8 九	6 6 二	2 1 七

七運

3 2 六	7 7 二	5 9 四
4 1 五	2 3 七	9 5 九
8 6 一	6 8 三	1 4 八

八運

2 5 七	7 9 三	9 7 五
1 6 六	3 4 八	5 2 一
6 1 二	8 8 四	4 3 九

九運

5 4 八	9 9 四	7 2 六
6 3 七	4 5 九	2 7 二
1 8 三	8 1 五	3 6 一

子山午向

六運

1 2 五	6 6 一	8 4 三
9 3 四	2 1 六	4 8 八
5 7 九	7 5 二	3 9 七

七運

4 1 六	8 6 二	6 8 四
5 9 五	3 2 七	1 4 九
9 5 一	7 7 三	2 3 八

八運

3 4 七	8 8 三	1 6 五
2 5 六	4 3 八	6 1 一
7 9 二	9 7 四	5 2 九

九運

6 3 八	1 8 四	8 1 六
7 2 七	5 4 九	3 6 二
2 7 三	9 9 五	4 5 一

午山子向

六運

2 1 五	6 6 一	4 8 三
3 9 四	1 2 六	8 4 八
7 5 九	5 7 二	9 3 七

七運

1 4 六	6 8 二	8 6 四
9 5 五	2 3 七	1 1 九
5 9 一	7 7 三	3 2 八

八運

4 3 七	8 8 三	6 1 五
5 2 六	3 4 八	1 6 一
9 7 二	7 9 四	2 5 九

九運

3 6 八	8 1 四	1 8 六
2 7 七	4 5 九	6 3 二
7 2 三	9 9 五	5 4 一

癸山丁向

六運

1 2 五	6 6 一	8 4 三
9 3 四	2 1 六	4 8 八
5 7 九	7 5 二	3 9 七

七運

4 1 六	8 6 二	6 8 四
5 9 五	3 2 七	1 4 九
9 5 一	7 7 三	2 3 八

八運

3 4 七	8 8 三	1 6 五
2 5 六	4 3 八	6 1 一
7 9 二	9 7 四	5 2 九

九運

6 3 八	1 8 四	8 1 六
7 2 七	5 4 九	3 6 二
2 7 三	9 9 五	4 5 一

丁山癸向

六運

2 1 五	6 6 一	4 8 三
3 9 四	1 2 六	8 4 八
7 5 九	5 7 二	9 3 七

七運

1 4 六	6 8 二	8 6 四
9 5 五	2 3 七	4 1 九
5 9 一	7 7 三	3 2 八

八運

4 3 七	8 8 三	6 1 五
5 2 六	3 4 八	1 6 一
9 7 二	7 9 四	2 5 九

九運

3 6 八	8 1 四	1 8 六
2 7 七	4 5 九	6 3 二
7 2 三	9 9 五	5 4 一

丑山未向

六運

8 2 五	4 7 一	6 9 三
7 1 四	9 3 六	2 5 八
3 6 九	5 8 二	1 4 七

七運

9 5 六	5 9 二	7 7 四
8 6 五	1 4 七	3 2 九
4 1 一	6 8 三	2 3 八

八運

3 6 七	7 1 三	5 8 五
4 7 六	2 5 八	9 3 一
8 2 二	6 9 四	1 4 九

九運

2 7 八	7 2 四	9 9 六
1 8 七	3 6 九	5 4 二
6 3 三	8 1 五	4 5 一

未山丑向

六運

2 8 五	7 4 一	9 6 三
1 7 四	3 9 六	5 2 八
6 3 九	8 5 二	4 1 七

七運

5 9 六	9 5 二	7 7 四
6 8 五	4 1 七	2 3 九
1 4 一	8 6 三	3 2 八

八運

6 3 七	1 7 三	8 5 五
7 4 六	5 2 八	3 9 一
2 8 二	9 6 四	4 1 九

九運

7 2 八	2 7 四	9 9 六
8 1 七	6 3 九	4 5 二
3 6 三	1 8 五	5 4 一

艮山坤向

六運

1 4 五	5 8 一	3 6 三
2 5 四	9 3 六	7 1 八
6 9 九	4 7 二	8 2 七

七運

2 3 六	6 8 二	4 1 四
3 2 五	1 4 七	8 6 九
7 7 一	5 9 三	9 5 八

八運

1 4 七	6 9 三	8 2 五
9 3 六	2 5 八	4 7 一
5 8 二	7 1 四	3 6 九

九運

4 5 八	8 1 四	6 3 六
5 4 七	3 6 九	1 8 二
9 9 三	7 2 五	2 7 一

坤山艮向

六運

4 1 五	8 5 一	6 3 三
5 2 四	3 9 六	1 7 八
9 6 九	7 4 二	2 8 七

七運

3 2 六	8 6 二	1 4 四
2 3 五	4 1 七	6 8 九
7 7 一	9 5 三	5 9 八

八運

4 1 七	9 6 三	2 8 五
3 9 六	5 2 八	7 4 一
8 5 二	1 7 四	6 3 九

九運

5 4 八	1 8 四	3 6 六
4 5 七	6 3 九	8 1 二
9 9 三	2 7 五	7 2 一

寅山申向

六運

1 4 五	5 8 一	3 6 三
2 5 四	9 3 六	7 1 八
6 9 九	4 7 二	8 2 七

七運

2 3 六	6 8 二	4 1 四
3 2 五	1 4 七	8 6 九
7 7 一	5 9 三	9 5 八

八運

1 4 七	6 9 三	8 2 五
9 3 六	2 5 八	4 7 一
5 8 二	7 1 四	3 6 九

九運

4 5 八	8 1 四	6 3 六
5 4 七	3 6 九	1 8 二
9 9 三	7 2 五	2 7 一

申山寅向

六運

4 1 五	8 5 一	6 3 三
5 2 四	3 9 六	1 7 八
9 6 九	7 4 二	2 8 七

七運

3 2 六	8 6 二	1 4 四
2 3 五	4 1 七	6 8 九
7 7 一	9 5 三	5 9 八

八運

4 1 七	9 6 三	8 2 五
3 9 六	5 2 八	7 4 一
8 5 二	1 7 四	6 3 九

九運

5 4 八	1 8 四	3 6 六
4 5 七	6 3 九	8 1 二
9 9 三	2 7 五	7 2 一

甲山庚向

六運

5 9	9 4	7 2
五	一	三
6 1	4 8	2 6
四	六	八
1 5	8 3	3 7
九	二	七

七運

4 8	9 4	2 6
六	二	四
3 7	5 9	7 2
五	七	九
8 3	1 5	6 1
一	三	八

八運

7 9	2 5	9 7
七	三	五
8 8	6 1	4 3
六	八	一
3 4	1 6	5 2
二	四	九

九運

6 3	2 7	4 5
八	四	六
5 4	7 2	9 9
七	九	二
1 8	3 6	8 1
三	五	一

庚山甲向

六運

9 5 五	4 9 一	2 7 三
1 6 四	8 4 六	6 2 八
5 1 九	3 8 二	7 3 七

七運

8 4 六	4 9 二	6 2 四
7 3 五	9 5 七	2 7 九
3 8 一	5 1 三	1 6 八

八運

9 7 七	5 2 三	7 9 五
8 8 六	1 6 八	3 4 一
4 3 二	6 1 四	2 5 九

九運

3 6 八	7 2 四	5 4 六
4 5 七	2 7 九	9 9 二
8 1 三	6 3 五	1 8 一

卯山酉向

六運

3 7 五	8 3 一	1 5 三
2 6 四	4 8 六	6 1 八
7 2 九	9 4 二	5 9 七

七運

6 1 六	1 5 二	8 3 四
7 2 五	5 9 七	3 7 九
2 6 一	9 4 三	4 8 八

八運

5 2 七	1 6 三	3 4 五
4 3 六	6 1 八	8 8 一
9 7 二	2 5 四	7 9 九

九運

8 1 八	3 6 四	1 8 六
9 9 七	7 2 九	5 4 二
4 5 三	2 7 五	6 3 一

博士教你精算**風水**吉凶

酉山卯向

六運

7 3 五	3 8 一	5 1 三
6 2 四	8 4 六	1 6 八
2 7 九	4 9 二	9 5 七

七運

1 6 六	5 1 二	3 8 四
2 7 五	9 5 七	7 3 九
6 2 一	4 9 三	8 4 八

八運

2 5 七	6 1 三	4 3 五
3 4 六	1 6 八	8 8 一
7 9 二	5 2 四	9 7 九

九運

1 8 八	6 3 四	8 1 六
9 9 七	2 7 九	4 5 二
5 4 三	7 2 五	3 6 一

乙山辛向

六運

3 7 五	8 3 一	1 5 三
2 6 四	4 8 六	6 1 八
7 2 九	9 4 二	5 9 七

七運

6 1 六	1 5 二	8 3 四
7 2 五	5 9 七	3 7 九
2 6 一	9 4 三	4 8 八

八運

5 2 七	1 6 三	3 4 五
4 3 六	6 1 八	8 8 一
9 7 二	2 5 四	7 9 九

九運

8 1 八	3 6 四	1 8 六
9 9 七	7 2 九	5 4 二
4 5 三	2 7 五	6 3 一

辛山乙向

六運

7 3 五	3 8 一	5 1 三
6 2 四	8 4 六	1 6 八
2 7 九	4 9 二	9 5 七

七運

1 6 六	5 1 二	3 8 四
2 7 五	9 5 七	7 3 九
6 2 一	4 9 三	8 4 八

八運

2 5 七	6 1 三	4 3 五
3 4 六	1 6 八	8 8 一
7 9 二	5 2 四	9 7 九

九運

1 8 八	6 3 四	8 1 六
9 9 七	2 7 九	4 5 二
5 4 三	7 2 五	3 6 一

辰山戌向

六運

6 6 五	1 2 一	8 4 三
7 5 四	5 7 六	3 9 八
2 1 九	9 3 二	4 8 七

七運

7 9 六	2 4 二	9 2 四
8 1 五	6 8 七	4 6 九
3 5 一	1 3 三	5 7 八

八運

6 8 七	2 4 三	4 6 五
5 7 六	7 9 八	9 2 一
1 3 二	3 5 四	8 1 九

九運

9 9 八	4 5 四	2 7 六
1 8 七	8 1 九	6 3 二
5 4 三	3 6 五	7 2 一

戌山辰向

六運

6 6 五	2 1 一	4 8 三
5 7 四	7 5 六	9 3 八
1 2 九	3 9 二	8 4 七

七運

9 7 六	4 2 二	2 9 四
1 8 五	8 6 七	6 4 九
5 3 一	3 1 三	7 5 八

八運

8 6 七	4 2 三	6 4 五
7 5 六	9 7 八	2 9 一
3 1 二	5 3 四	1 8 九

九運

9 9 八	5 4 四	7 2 六
8 1 七	1 8 九	3 6 二
4 5 三	6 3 五	2 7 一

巽山乾向

六運

4 8 五	9 3 一	2 1 三
3 9 四	5 7 六	7 5 八
8 4 九	1 2 二	6 6 七

七運

5 7 六	1 3 二	3 5 四
4 6 五	6 8 七	8 1 九
9 2 一	2 4 三	7 9 八

八運

8 1 七	3 5 三	1 3 五
9 2 六	7 9 八	5 7 一
4 6 二	2 4 四	6 8 九

九運

7 2 八	3 6 四	5 4 六
6 3 七	8 1 九	1 8 二
2 7 三	4 5 五	9 9 一

乾山巽向

六運

8 4 五	3 9 一	1 2 三
9 3 四	7 5 六	5 7 八
4 8 九	2 1 二	6 6 七

七運

7 5 六	3 1 二	5 3 四
6 4 五	8 6 七	1 8 九
2 9 一	4 2 三	9 7 八

八運

1 8 七	5 3 三	3 1 五
2 9 六	9 7 八	7 5 一
6 4 二	4 2 四	8 6 九

九運

2 7 八	6 3 四	4 5 六
3 6 七	1 8 九	8 1 二
7 2 三	5 4 五	9 9 一

巳山亥向

六運

4 8 五	9 3 一	2 1 三
3 9 四	5 7 六	7 5 八
8 4 九	1 2 二	6 6 七

七運

5 7 六	1 3 二	3 5 四
4 6 五	6 8 七	8 1 九
9 2 一	2 4 三	7 9 八

八運

8 1 七	3 5 三	1 3 五
9 2 六	7 9 八	5 7 一
4 6 二	2 4 四	6 8 九

九運

7 2 八	3 6 四	5 4 六
6 3 七	8 1 九	1 8 二
2 7 三	4 5 五	9 9 一

亥山巳向

六運

8 4 五	3 9 一	1 2 三
9 3 四	7 5 六	5 7 八
4 8 九	2 1 二	6 6 七

七運

7 5 六	3 1 二	5 3 四
6 4 五	8 6 七	1 8 九
2 9 一	4 2 三	9 7 八

八運

1 8 七	5 3 三	3 1 五
2 9 六	9 7 八	7 5 一
6 4 二	4 2 四	8 6 九

九運

2 7 八	6 3 四	4 5 六
3 6 七	1 8 九	8 1 二
7 2 三	5 4 五	9 9 一

肆、實務綱領

一、羅盤測量：定向

以羅盤測定宅第之坐向，在風水操作上稱之為「立極定向」或「格取坐向」。本文將說明如何透過測量工具——羅盤——實際操作。羅盤的種類不少，大致上來說，有所謂的三合盤、三元盤、綜合盤等等。當然，亦有因應某些門派或需求而自行設計的專用盤。

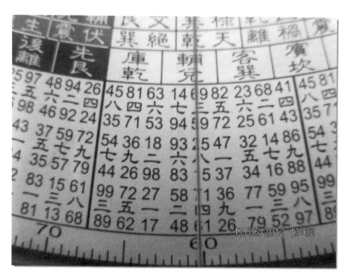

圖一　附有飛星圖的大羅盤

　　筆者一共有大小兩個羅盤，屬於綜合盤，大羅盤八寸六，上面非常的資料非常詳盡，應有盡有，在此就不贅述了，而且刻有七、八、九運的玄空飛星圖（如圖一），在使用上很方便。但有時考量到要出遠門操作風水，攜帶較為不便，因此，還有一個五寸大的羅盤。（如圖二所示）

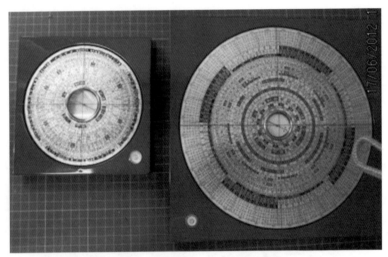

圖二　筆者的大小兩個羅盤

　　但請仔細看，羅盤有所謂的「天池」，就是用來裝置磁針的地方，位在羅盤的正中央，用途是指示方位。筆者的小羅盤，它的「天池」還比大羅盤來得大，那是筆者特別向廠商定製的，因為這樣使用起來，看得比較清楚。

　　一般而言，現在品質比較好的羅盤，除了在材質上使用電木以外，大都在右下方附有「水平儀」，在實際測量時，可以透過水平儀校準羅盤本身是否偏斜，因此筆者認為，在購買

和使用上，絕對有其必要。（如圖三）

圖三　羅盤右下角的水平儀

　　而在整個羅盤上，有紅色絲線，稱之為天心十道，一稱十字天心。此一十字線分別與0度、90度、180度、270度，不能有半點偏差。整個羅盤除了天心十道外，大體分成三大部份，即天池（指南針）、內盤（金色銅板部份）、外盤（即照片中羅盤的紅色電木部份）。

　　在格定坐向時，一律以門為向，並在門外測量。以測量的姿勢來說，要求測量者在測量時，要氣沈丹田，雙腳平肩而立。此外，雙手須保持平衡，持羅盤於胸前位置，高不過於胸

口，低不過於肚臍。且以距離房宅三呎左右的位置，站定測
量，並以眼視羅盤外緣去量度。

所謂的以眼視羅盤外緣去量度是其中的關鍵，也就是
說，在測量時，必須確定羅盤外緣與宅門外緣之間呈平行狀
態，如此一來，測量的結果方能準確。（如圖四所示）

圖四　羅盤與門之兩外緣相互平行

在實際測量時，以雙手姆指轉動銅製內盤，在天池的底
面繪有一條紅線，稱之為海底線，而在北端兩側繪有兩個紅
色小點，要持續轉動內盤，使磁針的指北端與海底線相重合。
在上述所有步驟都確定無誤之後，才讀取坐向。

天池除外，而從天池往外算，在內盤的第五層是所謂的

廿四山，即有壬、子、癸、甲、卯、乙……的那一層，就是我們所要讀取的坐向。以圖中這個大羅盤為例，此宅第屬於坐西南向東北之宅，以羅盤來讀取坐向，則在風水學上，我們稱此宅為申山寅向。（如圖五所示）

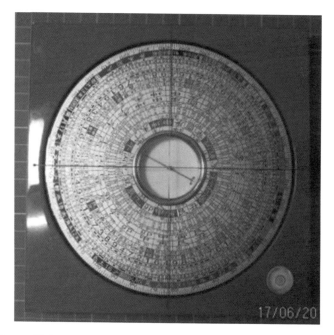

圖五　羅盤磁針與海底線相重合然後才能讀取坐向：坐申向寅

　　掌握了起造的時間以及坐向之後，我們就可以依此兩項條件起飛星盤了。舉例來說，如果此申山寅向之房宅建於2008年，則依據挨星之法則，我們就可以排出飛星盤如下：

申山

4 1 **七**	9 6 **三**	2 8 **五**
3 9 **六**	5 2 **八**	7 4 **一**
8 5 **二**	1 7 **四**	6 3 **九**

寅向

在測量時，記得要以門為向。亦即在整個建築物的大門之外來測定坐向。縱使門是在斜角位置開門，依然要以大門的朝向來測量方位。如果門不只一個，則必須以主門，也就是書寫門牌的那個門為主來測量。而在起出飛星盤之後，尚須作好立極之工作。才能進一步操作風水。

二、房宅的中心：立極

所謂的「立極」，簡單來說，就是確定房宅的太極中心點。就陰宅言，此太極中心點就是穴位所在之處。而在陽宅風水操作上，唯有太極中心點確立之後，我們才能進一步區分八個方位，形成九宮，進而透過飛星圖來斷定各方位的吉凶，進行風水佈局。因此，「立極」是玄空飛星風水實務操作上，一個非常重要的步驟，不可輕忽。

　　一般而言，如果形狀規則，尤其是趨近於方正格局的房宅，在立極上比較容易。就方法言，就是以找出對角線的交叉點來。舉例來說明，以下甲宅為一長方形之宅，依據幾何定中點之法，即可找出房宅的中心點。

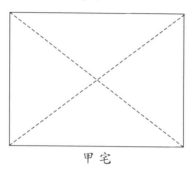

甲宅

　　只要形狀比較具有規則，縱使是三角形，依然可以透過上述的方法，以對角線交叉的方式定出中心點。如果是左右兩邊較為凸出，形狀規則的房宅，一樣以此方法定出中心點。如下圖乙宅所示：

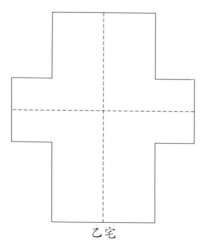

乙宅

如果形狀不規則，有缺角，或是多出一塊，則情形相對來說比較麻煩。不論是缺角或是多出一塊，這時要先判定缺少或多出的一塊，是多是少，進而決定該如何處理。舉例來說，多出的一塊（圖示中黑色的區域），所佔不多，不及邊長的一半，如下宅所示：

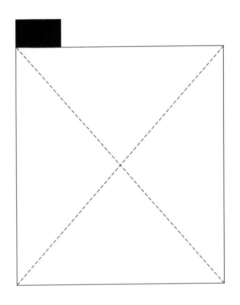

此時因多出的那一塊面積不大，可將此略去不計，將其餘部份，按照先前的方法，求得中心點。設若多出的那一塊較大，則此時則要先補足再來求取中心點。舉例來說，下圖中多出的區塊已經超過邊長的一半有餘（圖示中黑色的區域），此時無法略去不計，反之，應該予以補足。如下宅所示：

　　遇到缺角之宅，其處理方法亦同此理。如果缺角的面積很小，不超過邊長的一半時，則此時可以忽略不計，舉例來說，如下圖所示：

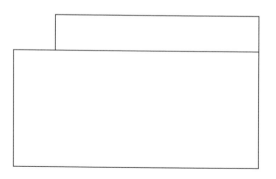

　　反之，如果缺角的部份超過邊長的一半，則此時則必須

以相反的方式來處理之，也就是說，將另一邊視為多出的部份，予以忽略不計。舉例來說，如下圖所示：

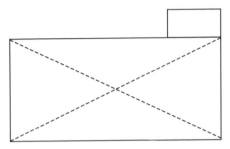

因此，不論是多出一塊，還是少了一塊，其道理皆相同，也就是以面積大小來判定，該用補足的方法，或是捨棄不計的方式來處理。再依對角線交叉的方法，定出房宅的太極點。不規則的房宅形式，亦依此理來處理。舉例來說，一間形狀不正之宅如下所示，則我們必須先將它依據上述的學理，將其形狀先予處理之後，再依據對角線的方式處理，即能找到太極點，完成「立極」之步驟。

如果遇到形狀不正之房宅，甚至是L型的房宅形式（如下圖所示）。都可以根據上述的方法，找出太極中心點。

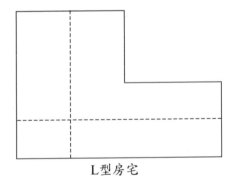

L型房宅

三、區域劃分方法：放射九宮

　　找到了太極點之後，首先，我們要以太極點為中心，對於門口位置進行實際測量，以定位門口在何方，因為門為一宅之氣口，在整個玄空飛星風水操作上，可以說是重點中的重點。測量出門口開於何方，才能以飛星盤上該方位向首之飛星以及雙星之組合意涵，作為判斷宅第吉凶的依據。

　　以羅盤確立門口之後，接著就要以此太極點為中心，將此飛星盤放射在房宅各部份，依此來判斷吉凶與操作佈局。以下即以一長方形的獨棟透天厝為例，來予以說明具體的操作方法。

　　為了實際操作上的方便，我們通常先將房宅的長與寬各劃分成三等分，然後再將此房宅區分為九等分，其方法如下圖所示：

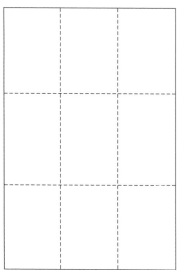

在此有一點必須注意，那就是進入房宅之後，必須先在太極點上下羅盤，以確定八方，因為有極少數的房宅，雖然在外面的門口測得癸山丁向，但到了內部時，卻因為內部磁場的變化，變成了丑山未向。遇到這種情形，切記，還是依門外所測之結果來起飛星盤，並依據內部太極點之定向來放射八方，其方法並無不同。接下來即以癸山丁向八運宅為例，其飛星圖如下所示：

丁向

3 4 七	8 8 三	1 6 五
2 5 六	4 3 八	6 1 一
7 9 二	9 7 四	5 2 九

癸山
⊥

像癸山丁向、子山午向，或是壬山丙向這種坐北向南的房宅，其九宮放射相對而言，最為簡單，我們如要把飛星盤上的星組依位置搬到房宅九宮圖上即可。舉例說明如下圖：

丁向

3　4 七	8　8 三	1　6 五
2　5 六	4　3 八	6　1 一
7　9 二	9　7 四	5　2 九

癸山

　　設若房宅並非坐北向南，這個時候，在放射九宮時，必須依實際方位來進行，因此，要特別小心，不要出錯了。以下即以未山丑向八運宅為例，來說明類似的情形，如何將飛星盤放射於房宅的九宮上。其飛星盤如下圖所示：

西南方

未山

6 3 七	1 7 三	8 5 五
7 4 六	5 2 八	3 9 一
2 8 二	9 6 四	4 1 九

丑向

東北方

　　房宅若是未山丑向，其實也就是坐西南向東北，也就是
坐方為坤宮，向方為艮宮之宅第。因此，房宅的正後方是西南
方，此時要把坤宮的飛星組合，也就是85組合放射於正後方；
而房子的正前方是東北方，因此，要把艮宮的飛星組合，也就
是28放射於正前方。房子的右前方實際上是東方，因此，應該
將飛星圖上東方震宮的組合，也就是74組合置于此；房子的
左前方實際上是北方，因此，須將飛星圖上北方坎宮的組合，
也就是應該放上96的星組。其它各宮，依其方位陸續排入，
結果如下所示：

東北方

丑 向

9　6	2　8	7　4
四	二	六
4　1		6　3
九	5　2	七
	八	
3　9	8　5	1　7
一	五	三

未山

西南方

以上所言以羅盤測量定位，依時運起飛星盤，立極，再將飛星盤放射於宅第九宮等步驟之說明，務必要多看幾遍，以求完全理解。放射九宮之法，可依附錄之飛星圖多加練習，

才不會在實際操作時出錯。

　　以上各步驟只要稍有差池，則基本資料必產生失誤，就如同拿了一個錯的八字在為人論命一樣，其結果是不可能準確的。在瞭解了立極區分九宮的方法之後，還要進入到更深一層的領域，說明玄空飛星風水的操作方法。

四、獨立的個體：一物一太極

　　上述區分九宮之法，是針對房宅整體而言，而在實際操作上，包括客廳、臥室、廚房、廁所書房、飯廳……等等的區域，一樣適用上述的劃分。就此而言，則整體房宅與上述各個區域之間的關係，乃是「整體與部份」之關係。就整體言，可以一太極視之；就每個部份區域言，依然可以一太極視之。大小或許有所差異，然而，所秉受之理則殊無二致。此道理即朱子在《太極圖說解》所云「蓋合而言之，萬物統體一太極也；分而言之，一物各具一太極也。」之理。

　　因此，大至整座宅第，小至一個小房間、廚房、臥室，乃至於一張飯桌、一張工作檯、一張床……等等，都可以劃分九宮，然後按照方位，將飛星圖放射於其上。以下同樣以上述未山丑向八運宅，長方形的獨棟透天厝為例，來說明此「統體一太極，物物一太極」之理在玄空飛星風水上的具體應用方法。假設下圖為此房宅位於二樓的佈局，A為書房，B為臥室，C為泡茶休閒之區域，D則為廁所。其圖如下所示：

東北方

丑 向

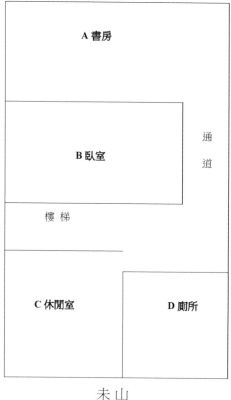

未 山

西南方

　　根據上述「一物一太極」的原理,我們可以將每一個特定的區域再細分為九宮,接著再將飛星盤中的各宮星組,依次放射於各個空間的九宮之上。謹以書房以及臥室為例,來說明此理。其如下圖所示:

東北方
丑 向

9 6 四	2 8 二	7 4 六
4 1 九	5 2 八	6 3 七
3 9 一	8 5 五	1 7 三

9 6 四	2 8 二	7 4 六
4 1 九	5 2 八	6 3 七
3 9 一	8 5 五	1 7 三

通 道

樓 梯

通 路

C 休閒室

D 廁所

未山
西南方

　　事實上，其它諸如休閒室、廁所等等，皆可依據此理予以細分。此學理若能通曉，則能將「一物一太極」發揮到極致，達到無處不太極之境界。如此一來，則我們在實際操作風水時，不論是判斷宅第的吉凶，繼而診斷病症，到最後依症狀而開藥方，進行化煞佈局，方能有入手之處。

　　所謂「陽宅三要，門、主、灶」，說明了一般住宅以大門、主臥室、灶位為重點，除此之外，廁所也很重要，輕忽不得。而生意場所則以大門最為關鍵，其次則是櫃檯與財神之位置。以上這些區域的規劃，都可依據上述「一物一太極」之理論，進行風水的佈局。

五、佈局要領：動與靜

　　動與靜的區分，是玄空飛星風水判斷理論上的一大重點。就風水的操作要點來看，我們所注重的幾個關鍵，像是大門、主臥、通道、灶位、廁所，無非都是人活動的主要區域，人在當中活動，就會產生動態。除此之外，在現代的住居當中，免不了有很多的電器產品，包括了電視機、養魚的魚缸、電腦、空調設備、音響、洗衣機、電扇等等，這些電器在使用時，都將或大或小地產生動態，引動氣流。相對地，在一間房宅中，桌椅、置物櫃、靜置的書籍、乃至於平常比較少利用的儲藏室，不致常常引動氣流，就歸屬於靜的範疇。

　　《易經‧繫辭傳》有云「吉凶悔吝者，生乎動者也」。也就是說，吉凶的產生，重點在於是否有動象。因此，我們在風

水操作上，就要盡量地將旺相的、吉利的東西予以引動，目的乃在於「趨吉」；反之，要令死煞的、凶惡的的東西安靜不動，其目的則在於「避凶」。而所謂好與壞的判定，則要以飛星來定位，此即所謂「權衡在星之理」。這是玄空飛星風水在佈局上的一大綱領。

舉例來說，客廳中的財位可以放置魚缸養魚，動起生旺之財星；廚房的財位，可以安置水龍頭，水一流動，就能引動生旺財星；以臥房言，則人可以睡在生旺之方位，或是在此方位上床，引動吉星；就連浴廁之來水處，都可以依此理來安排。

相反的，像五黃廉貞這樣的凶星，其帶來的效應正如〈紫白訣〉所云「正煞為五黃，不拘臨方到間，人口常損。」我們就要盡量令其安靜，不要去引動它，或將平常較少利用之儲藏室、客房安排於此處。其它星曜的佈局處理方式，皆可同理類推。

當然，動有大小程度的差別，與電器產生的引動相比，則房子的修造動土，鑿壁裝修等等的作為，能夠更加劇烈地引動星曜的吉凶。以二黑巨門病符為例，如果飛臨一些不常使用的電器，則只會產生小的病痛；如果是幾乎天天使用的電器則病症加重；又如果是在此方鑿壁整修房屋，大事整修，則該年就可能大病一場。因此，我們在玄空飛星風水的佈局實務上，一定要嚴格遵循「旺相喜動，死煞喜靜」的綱領，才不致於產生錯誤，造成傷害。

六、金科玉律：陽宅三十則

　　《沈氏玄空學》一書中所載的《陽宅三十則》，可以說是陽宅風水的三十條金科玉律，也可以說是陽宅風水在判斷與佈局操作上的秘訣與施行要點，現將其先摘錄於下，請讀者們細加研讀，務求領會。

1、城鄉取裁不同

　　鄉村氣渙，立宅取裁之法，以山水兼得為佳；城市氣聚，雖無水可收，而有鄰屋之凹凸高低，街道之闊狹曲直。凹者、低者、闊者、曲動者為水；直者、凸者、狹者、特高者為山。

2、挨星

　　陽宅挨星，與陰陽無異，以受氣之元運為主，山、向飛星與客星之加臨為用。陰宅重向水，陽宅重門向。門向所以納氣。如門外有水放光，較路尤重，衰旺憑水，權衡在星之理，蓋亦無稍異也。

3、屋向門向

　　凡新造之宅，屋向及門向並重。先從屋向斷外六事之得失，倘不驗，再從門向斷之，若屋向既驗，不必複參門向；反之，驗在門向，亦可不問屋向也。

4、堂局環境

凡看陽宅，先看山川形勢、氣脈之是否合局，繼看路氣與周圍之外六事，及鄰家屋脊、牌坊、旗桿、墳墩、古樹等物，落何星宮，辨衰旺，以斷吉凶。

5、大門旁開

凡陽宅以大門向首所納之氣斷吉凶，大門旁開者，則用大門向與正屋向，合兩盤觀之，外吉內凶，難除瑕疵；內吉外凶，僅許小康。

6、屋大門小

凡屋及門須大小相稱，若屋大門小，主不吉，若屋向、門向皆旺，屋大門小亦無妨。

7、乘旺開門

凡舊屋欲開旺門，須從舊屋起造時，某運之飛星推算，如一白運立壬山丙向，旺星到坐，原非吉屋，到三碧運在甲方開門，方能吸收旺氣，緣起造時向上飛星三碧到震，交三運乘時得令；非為地盤之震三也。若開卯門亦須兼甲，以通山向同元之氣也。

8、新開旺門

凡舊屋新開旺門後，其斷法，可逕用門向，不用屋向也，

打灶作房，亦從門向上定方位，則先按：此指旺門大開，原有大門堵塞或緊閉者而言，須辨方向之陰陽順逆，與乘時立向無異，若開便門以通旺氣，則取同元一氣，仍照起造立極之屋向斷之可也。

9、旺門蔽塞

凡所開旺門，前面有屋蔽塞，不能直達，從旁再開一低小便門以通旺門，則小門只作路氣論，不必下盤。

10、旺門地高

旺門門外有水，本主大吉，但門基反高於屋基者，雖有旺水不能吸收；門基高於門內之明堂者亦然，若門外路高，當別論也。

11、黑巷

凡宅內有黑巷，不見日光者，作陰氣論，二黑或五黃加臨，主其家見鬼，即使不逢此二者，亦屬不吉。

12、造灶

不論宅之生旺衰死方，均可打灶，但生旺方可避則避。灶以火門為重，灶神坐朝可弗問焉。火門向一白為水火既濟，向三碧四綠為木生火，均為吉灶，火門向八白，火生土為中吉，向九紫亦作次吉論，但究嫌火大熾盛耳。六白、七赤火門

不宜向，因火剋金也。二黑、五黃更不宜向，因二為病符，五主瘟癀也。然火門所朝之向，乃造屋時向上飛星所到之活方位，非指地盤九星言也。

13、糞窖牛池

穢濁不宜響邇，五黃加臨則主瘟癀，二黑飛到，亦罹疾病，以較遠之退氣方為宜。

14、隔運添造

凡屋同運起造，固以正屋為主，如後運添造前、後進或側屋而不開另大門者，亦仍作初運論，不作兩運排也。若添造之屋另開一門，獨自出入，方作兩運排，倘因後運添造而更改大門，則全宅概作後運論可也。

15、分房挨星

凡某運起造之宅，至下運分作兩房者，仍以起造時之宅運星圖為主，而以兩邊私門為用，蓋星運定於起造，不因分房而變動。分房以後，各以所住局部之星氣，推斷吉凶可也，同運分房者類推。

16、數家同居

一宅之中數家或數十家同居，斷法以各家私門作主，諸家往來之路為用，看其路之遠近衰旺，即知其氣之親疏得失也。

17、分宅

一宅劃作內室，另立私門者，從私門算；但全宅通達毗連，仍作一家排，不從兩宅斷也。

18、逢囚不囚

向星入中之運，如二四六八進之屋，逢囚不囚者何也？因中宮必有明堂，氣空可作水論，向星入水，故囚不住。若一三五七進之屋，中宮為屋，入中便囚，但向上有水放光者，亦囚不住。

19、店屋

凡看店鋪，以門向為君，次格櫃檯，又次格財神堂，俱要配合生旺，若門吉，櫃檯凶，或財神堂凶，則吉中有疵，主夥友不和，或多阻隔，其衰旺之氣，皆從門向吸受。

20、吉凶方高

宅之吉方高聳，年月飛星來生助愈吉；來剋洩則凶。若凶方高聳，年月飛星來剋洩反吉；來生助則凶。此指山上龍神之方位也。（按：即山星挨到之方位也。）

21、竹木遮蔽

陽宅旺方有樹木遮蔽，主不吉，竹遮則無礙，然亦須疏朗，因竹通氣故也。衰死方有樹木、竹木皆不宜。

22、一白衰方

陽宅衰氣之一白方，有鄰家屋脊沖射者，主服鹽滷死，獸頭更甚。

23、財丁秀

財氣當從宅之向水或旁水，看旺在何方，加太歲斷之。功名當從向上飛星之一白、四綠方，看峰巒或三叉交會，流神屈曲處，加太歲合年命斷之。丁氣，當從宅之坐下及當運之山星斷之，其驗乃神。

24、流年衰死重臨與旺星到向

陽宅衰死到向，是某字逢流年飛星到向又為某字（即歲星、運星並臨）主傷丁。旺星不到向之衰宅，逢流年旺星到向，亦轉主發禍，陰宅同斷。

25、鬼怪

衰死方屋外有高山或屋脊，屋內不見，名為暗探。屋運衰時，陰卦主出鬼，陽卦主出怪，陰陽並見主神，然必須太歲、月、日時加臨乃應；初現時有影無形，久而彌顯，或顛倒物件，捉弄生人。枯樹沖射，屋運衰時，陰卦亦主鬼，陽卦主神，陰陽互見主妖怪。

26、路氣

路為進氣之由來，衰旺隨之吸引，離宅遠者應微，然亦忌沖射，名為穿砂，有凶無吉，二宅皆然。貼宅近路與宅中內路，尤關吉凶，故內路宜取向上飛星之生旺方，合三般者吉；而外路，亦須論一曲之首尾，察三灣之兩頭，看其方位落何星卦，灣曲處作來氣，橫直者作止氣，其法系從門向上所見者排也。天元五歌云：「酸漿入酪不堪斟」，即言屋吉路凶之咎也。

27、井

井為有源之水，光氣凝聚而上騰，在水裡龍神之生旺方作文筆論，落在衰死剋煞方主凶禍，陰宅亦然。

28、塔

塔呈挺秀之形，名曰「文筆」，在飛星之一四、一六方，當運主科名，失運亦主文秀。若在飛星七九、二五方，主興災作禍，克煞同斷，陰宅亦然。

29、橋

橋在生旺方能受蔭，落衰死方則招殃，石橋力大，木橋力輕，二宅同斷。

30、田角

取兜抱有情，忌反背尖射，二宅皆然。

以上所附錄的《陽宅三十則》，可以說是陽宅風水在實
務操作上的秘訣，希望有興趣的朋友多看幾遍，以便於在實
例講解時，能夠融會貫通。如果在操作上有些不明瞭之處，或
者碰到某些奇怪的房宅類型，令人無從下手，也請讀者們務
必回到《陽宅三十則》的內容多加思考，時日一久，必能豁然
開朗。

伍、操作案例

一、巒頭與理氣結合：進財卻難留

　　這是筆者在2010 庚寅年下半年所操作，一個公寓的風水實例。求測人住在四樓。公寓完工於2006年，因此，屬於八運宅，屋主林先生以及妻子是在2008年遷入。此種公寓型式的房子，要在大門口下盤，經羅盤在大樓測量之後，得到該大樓之坐向為亥山巳向。

　　在風水的實際操作上，必須結合巒頭與理氣兩大理論，才能有效地進行判斷分析與調理佈局。此例是一個非常典型的實例，正因如此，筆者特別將一些瑣碎的部份省略，而把此例的操作關鍵作重點的揭示，以利讀者們理解此例的精華，希望讀者們好好領會。此宅的飛星盤如下所示：

八運亥山巳向飛星圖

巳向

1　8 七	5　3 三	3　1 五
2　9 六	9　7 八	7　5 一
6　4 二	4　2 四	8　6 九

亥山

　　進入屋主的獨立公寓中之後，找到房子的太極中心點之後，以羅盤測量，確立各個區域之方位。經定位後得到結果，此單位本身的坐向是坐北向南。此公寓之門開於左前方，因此，屬於東南方開門之宅。門口正對一向下的樓梯，在現今的公寓中常常可以見到這種格局。

判斷

　　1. 仔細分析此宅的飛星圖，再結合外部的的巒頭之後，筆者已經瞭解此陽宅的風水問題了。我對林先生兩夫妻說，自你們住進這間房子之後，照理說財運不錯，進財不少。聽到這個斷語，兩夫妻禮貌性的稍後點點頭。但是，我接著說，雖然收益不少，但是問題出在非預期的支出也多，屬於財來財去，留不住錢的狀態。這時只見兩夫妻點頭如搗蒜，非常誠懇地請教我該如何解決這樣的問題。我要他們別急，一步一步來。

　　2. 我接著說，尤其是去年，也就是2009己丑年，收入達到高峰，但依然沒有存下多少錢。到了今年，收益明顯下降，因此，你們也就更加擔心了，對吧？林先生回覆到，確實如此，因此，特別要請劉老師給我們指點，看要在風水如此調整、改善這些弊病。

分析

　　1. 此宅之門開於左前方，屬於東南方開門之宅。今查看

飛星圖，東南方的飛星組合為１８，向星８在八運時，屬於旺相之財星，門開此方必利於財，因此，收益肯定很好。但是，由於門口正對一向下的樓梯，在巒頭水法上，違犯了捲簾水之形煞，於財帛非常不利，應財之流失。結合理氣與巒頭，則為財來財去之格局。

2. 以流年星來論，則2009己丑年，流年飛星９入中，財星８飛至東南，因此，此年收益必定豐厚；到2010庚寅年，為流年飛星８入中宮，退氣之飛星７入門。因此，收入下降，景況遠不及己丑年。

佈局

此宅風水佈局的重點，在於解決巒頭上所犯的捲簾水。因此，筆者要屋主買一鏡子，掛於大門上，目的在於將水收聚；另外要林先生在門口加一門檻，防堵水之流瀉。

佈局之後，我告訴林先生，此宅在調整之後，必能改善財來財去的情形。但在2012壬辰年因為流年飛星的作用，會出現宅運遲滯不順的情形，屆時如果屋主覺得有需要，可以進行微調。

附註：

2012壬辰年的三月下旬，筆者在林先生的邀請之下，為因應流年飛星之飛佈，再次為他進行陽宅風水的調整。他並告訴筆者，在我為他進行風水佈局之後，破財的情形確實改善了很多，存款增加不少。非常感謝我給他的指點。另外，在

選購公寓時，不論門是正對向上或向下的樓梯，都違犯煞氣，應避之為宜。

二、遊山玩水：民宿風水佈局

　　這是2012年11月的風水實例，地點是苗栗縣南庄鄉一處位居山腰、清幽雅緻的民宿。民宿由一對年輕夫妻，在2009年接手經營。男子1981年生，屬一白命；女子1982年生，屬六白命。

主體建築物

　　民宿是由一大二小三棟建物所組成，最大的那棟樓下為餐飲空間，樓上為住宿空間。經審視整體格局之後，筆者就在主體建築物下羅盤測量，測得方位為巽山乾向，也就是一般人所謂坐東南向西北的坐向。民宿建於1996年，因此，屬於七運宅。有了元運與方位的條件之後，即可排出玄空飛星風水盤。其飛星盤如下所示：

七運巽山乾向飛星圖

原水池〇　　★

乾向

8　1 **九**	7　9 **八**	2　4 **三**
3　5 **四**	6　8 **七**	9　2 **一**
1　3 **二**	5　7 **六**	4　6 **五**

巽山

　　主體建築物為長方形結構的宅第，經測量得知，建物總長十二點三米，總寬度為十五點一米，屬於左右長，前後短的形式。在房宅的下方約有二十多米的長度，然後是一個懸坡，

博士教你精算**風水**吉凶

約有二十米高，懸坡下方做為停車場之用。在宅第的左前方
位置，有一個直徑約二米的人工水池，水池上方有一水龍頭
持續進水，水滿之後，由左上方的斜坡水溝順勢流到山下。主
門開於前方中間位置，進門處有一塊黑色大踏墊，靠近中宮
的地方為櫃檯，櫃檯後方有咖啡煮具、製冰機等餐飲用具。

大門外原本的景觀

　　下方中間宮位以及右下角宮位為廚房；員工住在左邊中
間宮位的一部份以及左下角宮位，員工中除一位外籍工作人
員，長期住在此處，並負責煮食，其他都是建教生，屬短期居
住形態。而員工所住之處，其門開位置是在建物的左邊中間。
今年為壬辰年，以流年飛星言，為六白武曲星入中，其餘依次
排佈。其流年的飛星圖如下所示：

壬辰流年飛星圖

巽 5	離 1	坤 3
震 4	中 6	兌 8
艮 9	坎 2	乾 7

判斷

1. 經過一番推敲、計算之後。我首先說，這間民宿在2003年以前，若有人經營，肯定是鍛羽而歸，賺不到錢。2004年以後的經營者，才能夠有所收益，真正的賺到錢。夫妻倆對望了一下，妻子說，老師您說得一點不差，前一批人確實賠了錢，而他們這幾年確實有賺到錢。

2. 但是，我接著說，你們前二年可以說經營得不錯，尤其是去年，也就是2011辛卯年，賺了不少錢，但是到了今年，也就是2012壬辰年，景況可就差多了。這時先生搶著說，老師斷得真準，他幾天前仔細統計之後，發現今年的業績只有去年的百分之六十三左右，老師您能不能想想辦法，改變這種情形？

3. 我說別急，待會再說如何補救。我接著說，你們的員工之中，建教生來來去去，都只是短期居住，為時不超過三個

月，當中只有那位外籍女子長期居住在此，因此，她肯定會有身體不適且情緒不佳的效應產生。這時，女主人說，這位員工確實情緒不佳，常常抱怨東抱怨西的，而且身體也確實不好，她已經告訴老闆，做到過年之後，要離開，不再做了。

主體建物門內的原本擺設

　　透過玄空飛星的風水法則，筆者的斷言全部應驗。這是玄空飛星在風水操作上，透過飛星盤「憑星斷事」之必要過程。接下來則從玄空飛星風水操作的綱領入手，讓讀者知道玄空飛星斷事的訣竅所在。

分析

1. 根據巒頭與飛星圖，，門開中間，中間的星組為７９雙

星組合，在2004年之後，為八運，因此，此門有為生氣之門，有財。2003年以前，為七運，此組合為未來的生氣，氣數太弱，無法進財，故有此斷語。

　　2. 前年2010庚寅年為生氣九紫入門；2011辛卯為財星入門；今年2012壬辰流年為退氣之星入門，因此，今年景況遠不及去年。

　　3. 員工居住之處，所開之門為３５雙星組合，因此會有情緒不佳、健康不好的效應。流年三碧星飛臨此處，其效應更凶。

　　4. 左上方水池持續進水後，經斜坡水溝不斷流走，在巒頭上，犯了財水傾瀉之弊端。宅第前方臨懸坡，在巒頭上亦犯病。

將原來的水池填掉

在說明斷事原理之後，筆者接下來就要說明，如何透過玄空飛星風水之佈局，對症下藥。

佈局

1. 進門之處的黑色大踏墊，五行屬水，會剋制門星之旺氣，令其撤除黑色踏墊，這點很重要。

2. 此宅結構，依照飛星圖的組合，最吉旺之星飛臨中宮，屬於旺財之星「入囚」的格局，因此，在櫃檯置于一魚缸，以動水動起吉旺之星，並建議他養八條黃色或紅色的魚。

門口正前方的新建水池

3. 原來的水池以及宅第前方臨懸坡，在巒頭上都有弊端。因此，建議老闆廢掉原來的水池，將其填掉之後，在大門正前方之處，也就是飛星圖示 ★ 之處，重新開鑿一新的水池，以解決上述毛病。

4. 在員工住處的房間門口掛一串銅錢，並且在入門處鋪一紅色地墊，以化解門口雙星，也就是３５組合所產生的不良效應。

5. 將門口到櫃檯之間的櫥櫃、桌子的東西儘量清空，讓進門到櫃檯之間，氣息流通能夠順暢，沖起、引動吉旺之飛星。

新設魚缸與佈局

附註：

　　在風水操作之後，約莫過了一個多月，民宿老闆打了電話給我，謝謝我的風水佈局，發揮了很大的效用，讓他的民宿在調整佈局之後，訂房率顯著地大幅提升，一直到過年的假期，基本上都已經被預約滿了。

　　接著老闆告訴我一件他認為很玄的事情。就是有一天他與妻子出外採買民宿所需的民生物品時，在這一天之內，總共接到了三通要退房的電話，實在不太尋常，納悶之下，在傍晚返回民宿，剛一進門，他的朋友就告訴他，由於他發現之前兩人所挖鑿的水池底部的水池施工不太好，因此，他已經將水整個抽乾，重新施作得更堅固、美觀。老闆說，風水真是一門偉大的玄學，效應竟然如此神奇。

三、風水與健康：身體出了什麼問題

　　這是筆者在2013年應求測人請託，為人風水佈局的實際操作案例，地點在中部的南投縣。屋主一家投資經營包括民宿、加油站在內的不少生意。家中成員有雇主夫妻、兒子、媳婦、以及一個孫子，一共五人。兒子與媳婦在別處亦經營民宿，因此，約有三分之一的時間住在家中。

　　經相詢，此宅建造於1994年，因此，屬於七運之宅。在門口下羅盤，測得方位為巽山乾向。門開於宅第之青龍方，其飛星組合為８１。五人的臥室都在二樓，二樓有前後二間房間，

兒子與媳婦住前面那間，左下方開門，房間門之飛星組合為13，屋主夫妻全二樓後面間，左上方開門，房門飛星組合為81。房宅整體的玄空飛星風水盤如下圖所示：

七運巽山乾向飛星圖

乾向

8　1 九	7　9 八	2　4 三
3　5 四	6　8 七	9　2 一
1　3 二	5　7 六	4　6 五

巽山

判斷

1. 陽宅住所要以人為本，經過仔細審視飛星圖上的信息之後，我首先說，坐在這間房宅，就人的身體健康言，肯定會有膀胱、泌尿系統，以及婦科、耳疾方面的病症出現。

2. 接著我斷言，在居住在這裡的所有人當中，要以屋主兩人的症狀較為嚴重。屋主太太證實了這項斷語。因為屋主膀胱泌尿系統確實不好，他兒子亦有頻尿症狀，她本人婦科方面確實不好，媳婦自嫁進來以後，亦開始有這方面的困擾，

另外，屋主本人也有重聽的情形。

3. 然後我說到，妳們夫妻兩人（指屋主兩人）如果在床上討論事情，則常常是剛開始氣氛融洽，最終不歡而散的情形；而且多半是太太受氣的機會多。不僅如此，這種情形年紀愈大愈是嚴重。說完之後，屋主太太頻頻點頭稱是，這種情形確實有越老越嚴重的趨勢，為此，她確實受了不少氣。

4. 接著我說，兒子媳婦在外面住的時候比較好，回到家中時，財運與脾氣都比較差，兩人比較會產生不愉快的情形，兒子的健康狀況也相對較差。媳婦回覆，確實如老師所斷得那樣，夫妻兩人回到家中居住，各方面都比較不順，尤其是兩人比較容易吵架，先生在這裡也睡得不好，健康精神狀態確實是比較不好。

5. 這間房宅在2003年以前，財運尚可，2004年之後，財運方面漸走下坡。屋主太太證實我的斷語，她回覆說，最近幾年各種投資生意，在獲利方面確實已經大不如前。

分析

1. 根據房宅之飛星圖，門開左方，左上方巽宮之星組為８１雙星組合，水主腎、主精、主耳、主生殖系統等信息，今８１組合為水受土剋，故於人身體方面，必有相關的相應症狀出現。

2. 斷屋主兩人症狀較為嚴重，原因在於兒子等三人居住時間較短，而且屋主房間門亦是８１組合之故。因此，影響力量更強。

3. 因為兩人的床位在乾宮，乾宮之飛星組合為４６。４６組合會有先合而後散之效應，且４６為金木相剋之情形，乾金要來剋巽木，巽為長女，因此，女人受剋，因此，斷屋主太太受氣。因乾為老頭，故年紀愈大，這種情形愈加嚴重。

4. 二樓臥室所開之門為１３雙星組合，因此會有破財、爭執、吵架之效應產生。又丈夫床位落在兌宮，其星組為９２組合，臨病符星，且九紫為火來生旺病符星，九主心神，因此會有睡眠品質不佳、精神與健康不好的效應。

5. 此宅第開左方青龍門，此門的星組為８１雙星組合，在2004年之後，為八運，財星八在中宮為入囚。因此，2004年以後，財運必然漸走下坡。

佈局

1. 著其在進門之處掛一串銅錢，以化解門口雙星，也就是８１組合所產生的不良效應。二樓屋主的房間門亦然。

2. 除了要屋主兩人盡量不要在臥房內，尤其是床上討論事情之外，並要他們改換黑色或深藍色的棉被，以水來化解４６金來剋木之不良影響。

3. 在二樓兒子與媳婦房間門口入門處鋪一紅色地墊，以化解門口雙星，也就是１３組合所帶來的影響。並在男人所睡的位置放一串銅錢，用以化解二黑病符星。

4. 依照飛星圖的組合，在2004進入八運之後，最吉旺之星飛臨中宮，屬於旺財之星「入囚」的格局，因此，讓屋主在此位置加裝一可以轉動的電扇，時時轉動，以動起吉旺之星，以解決旺星入囚之弊端。

博士教你精算風水吉凶

四、灶位與臥室：健康為上

　　這是一個比較特殊的例子。求測人鄭小姐要求筆者進行風水調理佈局，尤其他的父親車禍剛過世，現在只剩她與老母親二人同住。而根據老一輩人的說法，重新打灶可以改換運氣，兼且廚房設施也已經老舊。但她聽說，在風水學上，灶所設的位置非常重要，因此，要筆者為她選定灶位。

　　確實，灶的設置方位，在風水學上，對於一家人的健康影響頗大，不可不慎。除此之外，臥室的佈局，亦對人體健康影響不小。這個實例，剛好可以反映此一要點。

　　但由於玄空飛星風水必須要知道宅第建造時間，方能依據元運起飛星風水盤。求測人今年約五十歲，據她所言，這間房宅是她自小就居住至今，是父親家傳下來的房子，因此，要回去問母親，依據她母親的說法，這間房子自她年輕時嫁過來的時候就已經是舊房子了，而據她丈夫生前說，這間房子最先只有前面那一小區，後來才又陸續後面的部份，但實際建造時間她也不清楚。

　　在這種情形之下，我告訴求測人，玄空飛星風水佈局必須嚴格要求確定建造時間，以確立元運，才能據此排定飛星風水盤。因此，除非她能夠知道起造時間，否則筆者無法進行風水調理。

　　後來，鄭小姐走了一趟戶政事務所查找資料，調出當初建造的執照等資料，依當時的資料顯示，此宅第興建於1936年，屬於四運宅。筆者操作風水多時，第一次遇見年代那麼久遠的老宅。

　　由於是街上轉角的房子，也就是一般俗稱的「三角窗」型式。因此，屬於斜角開門的形式，經羅盤在門口實際測量，其坐向為辛山乙向，而進入房宅之後，依飛星圖示放射八方，則房宅是北南向，嚴格地說，應該是壬丙向。因此，立飛星盤如下：

四運辛山乙向飛星圖

丙向

5　1 三	1　6 八	3　8 一
4　9 二	6　2 四	8　4 六
9　5 七	2　7 九	7　3 五

壬山

判斷

　　「憑星斷事」是玄空飛星風水一派一項重要的法寶，也是在風水實務操作上必須經歷的步驟。此例由於年代久遠且多次增建，因此，尤其必要透過「憑星斷事」來確認飛星圖的正確性。此宅門開於斜角，也就是開東南門，門所納的飛星組合為５１。

　　1. 首先，我憑著飛星圖所顯示的資訊，我斷言坐在這間

房子中，必定會有膀胱泌尿系統以及血液方面的毛病。說完之後，鄭小姐馬上反映，她與父母一共三人都有泌尿方面的困擾，他的父親尤其嚴重，自印象中，從他父親年輕時就已經如此，而她自小女孩時期，就已經開始有這方面的毛病。此外，她的母親長期以來血壓很高，一直都是靠藥物控制著。經過此一「憑星斷事」的過程，也讓筆者確認元運的資料以及羅盤立極定向都正確無誤。

2. 接著我進入到廚房，以羅盤確定原灶的相關位置之後，得到原灶的位置在廚房的坎方，也就是一般所說的北方，進而審視飛星圖，則灶位的飛星組合為２７，向著西北方，其星組為７３。向方不犯毛病，然而灶位於２７組合之處，不合乎風水學的原理。

我告訴鄭小姐，家中人的肺部功能比較差，尤其是負責煮飯的人，這方面的毛病會更嚴重。鄭小姐面露驚訝地表示，她家人肺功能都不太好，尤其是她的母親肺部功能向來很差，稍有感冒，常常導致久咳不癒。最近一年多來，由於母親老邁，由她負責烹飪，去年冬天，就開始覺得肺功能衰退，不單常常感冒，而且感冒也是咳了很久，想不到灶位的影響那麼大。聽到她的回答，我點點頭回答，灶位的選擇，對於一家人的身體影響很大，確實是陽宅風水上的一大要點。

3. 鑑定過廚房之後，接著來到二個人所住的臥室。母親的臥房在風水佈局上不犯毛病，在此省略不論。到了鄭小姐的臥室之後，以其臥室為獨立單位來看，則其房間門開於左後方，也就是飛星圖上的艮宮位置，依據飛星圖所示，其飛星組合為９５，此為首要毛病。梳妝檯的鏡子對著床位，此為毛

病之二。燈安於床鋪上方，約莫對著人的下腹部位置，此為毛病之三。

我對鄭小姐說，自從妳搬回來住以後，運勢就不順。晚上睡覺睡得不安穩，甚至常有做惡夢的情況發生，導致妳精神不濟。此外，妳的消化系統也出現了毛病，甚至有腹部疼痛的症狀產生。鄭小姐點頭稱是。

分析

1. 此宅之門雖為斜開型式，但門的位置依舊是以左前方來定位，故仍然屬於東南方開門之宅。今查看飛星圖，其東南方的飛星組合為５１，一白五行屬水，受五黃土之剋制，因此，會有膀胱、血液方面的毛病。

2. 根據風水法則（請參見《陽宅三十則》第十二條之「造灶」部份），灶五行屬火，飛星七赤五行屬金，於人體上主肺。因此，灶若設置於飛星7之處，為火來剋制金，金嚴重受損，因此，會有肺功能不佳之效應產生。

3. 臥房的風水佈局對於人體健康的影響也很大。鄭小姐的房間門開於東北艮宮，飛星圖上艮宮的飛星組合為９５，五黃為災病星，又９５之組合為「火暗而神智難清」（請參見理氣部份「雙星交會」之說明）。因此，會產生運勢不順，神智不清，精神不濟，甚至出現惡夢的情形。另外，梳妝檯鏡子正對著人，也會影響睡眠品質。此外，燈具正對鄭小姐下腹部，因此，會有腹部的相關症狀產生。在風水佈局上，如果燈照著人體的部份，常常導致某部份健康出毛病，不可不慎。

佈局

1. 要鄭小姐在大門口內部的上方，掛一串銅錢，以化解門口飛星５１組合所產生的不良效應。

2. 由於鄭宅要重新打灶，因此，詳細審視飛星圖之後，要她將新灶設置於乾宮位置，正對著坤宮。如此一來，則灶位的飛星組合為７３，所向之處的飛星組合為３８，如此一來，則化解了原來火來剋金的弊端。

3. 針對臥室部份，首先，要她將梳妝檯移位，移到不會正對床位的地方放置。其次，要她找燈飾店，將燈具自床位上方移開。最後，交給她一串風鈴，安裝於臥室門上方，化解五黃之煞氣。

附註：

在市面上的風水書籍當中，有一種說法，認為在不能知道房宅建造於何時，則一律以當時的元運為依據來起飛星風水盤，例如，如果當時為2013年，則以八運來起盤。其實，這樣的觀點完全不符合飛星風水的法則，是錯誤的。從上述這個實例，可以證明這種看法是不對的。

五、風水輪：招財不成反招災

近幾年來，由於電視上風水節目的大力鼓吹，使得許多

風水觀念深植人心。其中有一種說法，幾乎普遍為一般人所接受，那就是入門之後對角位置為財位的看法。其實這種觀點，就玄空飛星的原理來看，實在是大錯特錯。事實上，每間房宅所建造的時間不同，方位不同，因此，財位並非是固定在某一個位置不變的。這點在前述的理氣部份已經闡述清楚，不再贅述。

　　以下就是一個實例，足以說明入門後對角位置為財位，這種為一般人所接受、運用的方法，根本就是錯誤的。此宅位於苗栗，屋主姓林，是筆者在2011辛卯年的操作實例。房宅起造於1992年，屬於七運宅，經羅盤的詳細測量，房子的坐向為寅山申向。其飛星風水盤如下所示：

七運寅山申向飛星圖

申向

6 8 二	4 1 四	8 6 九
2 3 六	1 4 七	9 5 八
3 2 五	7 7 一	5 9 三

寅山

問題與分析

在筆者操作風水佈局的實際經驗中,常常碰到主人家中擺放了不少電視上那些風水師所鼓吹增強運勢的風水物品,包括了聚寶盆、各色水晶,風水輪、發財樹、五行珠簾、貔貅、開運竹、銅麒麟、五行水晶樹、鹽燈等等,種類繁多。有些風水物品基本上並無多大的效用。而且,由於一般人由於不懂風水,常常都會擺錯位置。

因此,在風水操作的最後,筆者都會大致的注意這些風水物品的擺放位置以及它們所產生的作用。進而依據九星五行生剋制化之理,告訴主人這些物品的正確擺放位置。當然,有些沒什麼作用的風水物,可以忽略不論。而在眾多的風水物品當中,具有動態的物件,基本上要比靜態的擺飾,發揮的作用更大些,因此,更加必須留意。

在這個實例中,由於女主人喜歡看一些電視上的風水命理節目,聽信了電視上風水師鼓吹的那一套說法,也就是入門之後對角位置為財位的看法,在財位上放置一風水輪,可以趨動財星,助長財運。由於這間房宅的門開於右上方,於是女主人就將買來的風水輪擺放在門的對角位置,也就是客廳的左下方。

在仔細地審視飛星圖以及流年飛星的作用之後,我詢問林女士,這風水輪擺放多久了?女主人回覆約有一年多的時間了。她說這個佈局是依據電視上風水師的說法做的,應該不會錯吧?

筆者笑了笑地回覆她,斷言自從放了這個風水滾輪之

後，家中運勢必須受到不良的影響，尤其是今年，也就是2011辛卯年，必定會產生口舌不和、破財、乃至於官非等種種不利的事情，我說的對吧？只見她和家人都點點頭，附和著筆者的判斷。

林女士回覆，確實近一年多來，兩代之間，夫妻之間，比較多的口角。而今年以來，家中之人已經發生了三次車禍事件。其中二件發生在她媳婦身上，一件是在外環道被一輛超車的車子碰撞，還上了警察局作筆錄。另一件是在上班時，在沒有紅綠燈號誌的路口正要啟動轉彎時，被一輛摩托車攔腰撞上，除了自己的車子被撞擊凹陷之外，對方車子受損，摩托車上的兩人都有傷勢。這次車禍，除了自己的車子需要鈑金以外，還要賠償對方的醫藥費以及修車費。除此之外，對方還要求在養傷期間無法工作，必須補償他們的這方面的損失。總共這次的車禍，她媳婦就賠了好幾萬元。

請參考上面的玄空飛星圖，東方位置之飛星組合為３２鬥牛煞之星組，凶。紫白訣有云：「鬥牛煞起惹官刑」（參見前面理氣部份‧雙星交會），鬥牛煞就應口舌不和、官非、破財等等的事。

又2011辛卯年，七赤破軍入中順飛，五黃飛至東方，鬥牛煞又遇凶煞之飛星，故於該年必應凶事。2011辛卯流年飛星圖如下所示：

2011流年飛星圖

	南	
六	二	四
東 五	七	西 九
一	北 三	八

佈局

　　筆者告訴女主人，家中這些口舌不和、破財、官非等事件，都是風水輪擺放所帶來的效應。她回想了一會兒，這間房子她們住了很多年，一向平靜無事，這些凶事確實是在她佈置了風水輪之後，才陸陸續續發生的。

　　知道了問題的癥結之後，林女士非常驚訝地表示，沒想要電視上強力鼓吹的風水觀念實際上卻是害人不淺。她急忙問我該如何處理，是否該將此風水輪棄置不用。筆者告訴她，如果要用風水輪，必須將其置放於房宅的財位上，才能產生好的作用。因此，就她的房子的格局來說，應該要將風水輪移至客廳的左上方位置，那才是這間房宅的財位所在。

　　過了約莫半年多之後，林女士因為其它事情，再度上門求測。她並且告訴筆者，自從風水輪移至左上方之後，半年多

來，家中一切順利，感謝我對她的幫忙。

六、幸福在何方：桃花朵朵開

　　這是一件2012年筆者在臺中施作的風水實際案例。到達目的地之後，取出羅盤，仔細測定房宅的坐向。經羅盤實際測量，得出的坐向為申山寅向，房子建造於1997年，因此，屬於七運宅。有了起造元運以及坐向，就可以據此起出玄空飛星風水盤。其飛星盤如下所示：

七運申山寅向飛星圖

<table>
<tr><td colspan="3">坎宮　　　寅向</td></tr>
<tr>
<td>9　5
三</td>
<td>7　7
一</td>
<td>2　3
五</td>
</tr>
<tr>
<td>5　9
八</td>
<td>4　1
七</td>
<td>3　2
六</td>
</tr>
<tr>
<td>6　8
九</td>
<td>1　4
四</td>
<td>8　6
二</td>
</tr>
<tr><td colspan="3">申山</td></tr>
</table>

問題

　　而就在整體佈局完成以後，女主人吳太太提出要求，她說女兒今年已經三十一歲了，一直以來，從未交過男朋友，做家長的非常心急，不知道能否透過風水的調理，讓她能夠在異性緣方面，有所助益。筆者聽完之後，知道求測人的需求，因此，就對她說，如果是這樣，就想辦法為她調動桃花吧！吳太太聽聞能夠調動桃花之後，立刻露出欣喜的表情。

佈局

　　經相詢，她的女兒出生於1983癸亥年，生肖屬豬。根據口訣，亥卯未見子為桃花，也就是這三個生肖的桃花位在子，也就是正北方坎宮位置。經羅盤測量之後，找出了房宅的正北方位置之後，用記號予以標定，然後告訴吳太太，在我測定的位置上，放置黑色花瓶，裝滿水之後放入一枝白色玫瑰花，如此一來，就能調動她女兒的桃花。並且為她擇定了一個吉日，操作此事。

　　風水調理過了約莫二個月左右的時間，筆者再次接到吳太太打來的電話。在電話中，吳太太告訴我，說也奇怪，就在風水調理之後，女兒在異性方面的相關事情上，很明顯地感覺動了起來。就在短短不到二個月的時間當中，一共有五組人，分別託了吳太太的親戚、朋友、同學等人上門，想要為她女兒介紹對象，經過條件篩選之後，她女兒已經先挑選了兩位男士，開始出去相親了。吳太太打電話來，特別要感謝筆者的風水調理。

陸、增訂版附錄

目　錄

一、改運真正有效的方法

常有人到博士命理算命,在論命過程中間,大部份當事人都會問我,要如何才能改運?索性將此回應寫成文章,將真正實際有效的改運方法,分享給大家。

古人有云:「一命、二運、三風水、四積陰德、五讀書。」這句話將人生運勢及改運方法,歸納為五個因素,在多年的命理研究之後,我覺得古人這句話,確實是至理明言。這五個因素當中,前三個因素是命理哲學探討的重點。而在這五項因素當中,風水之學其實佔了一個非常奇特的地位。且聽我細細說分明!

在五個因素當中,與玄學無關,且由人真正可以掌握並且努力的部份,就是積陰德與讀書。但不能否認,這二件事情,基本上都需要非常長久的積累努力,並無立竿見影的效果。因此,很多人在論及人生運勢的影響因素時,都會直接說「一命、二運、三風水。」

所謂的一命與二運,以八字命理模式來說明,應該能夠比較清楚明晰。命就是每個人出生時的八個字,這八個字屬於先天的格局,而大運就是每十年一改換的(當然也包含每年改變的流年在內)。命與運結合,就確立了一個人一生的走向。算命師就是根據學理,分析當事人的人生運勢起伏,提供當事人作參考。透過這樣的說明,想必你就能清楚瞭解「命」與「運」的差別了。

　　簡單的說，「命」指先天，無法改變。「運」指後天，會隨著時間而變易。但更進一步說，每十年一改換的大運，還有每年改換的流年，造成了每一個人的後天運勢的起伏。因此，要改運，只能在後天的部份設法調整。

　　說得更仔細一點，則大運凶，流年凶，則這一年是凶上加凶，運勢背到極點，甚至會有惡禍臨門。如果大運凶，流年吉，則屬於在惡運加臨之下，稍微可以喘息的一年。大運吉，流年凶，則整體運勢感覺不錯，但做事總有小干擾，讓你心情不佳。如果大運與流年皆吉利，則這一年順水行舟，甚至會有多項好事降臨在身上。

　　但是，說得更徹底一點，大運是根據八字的月柱而排定的，因此，就某種意義上來，可以說「落土時已注定」，你可以說這步運不好，我想要換一步大運嗎？很抱歉，除非能改變出生時間，換一付八字。根本上來說，無從更改。

　　至於流年，每年一換，大家共用，更是無從更改。去年為甲午年，今年為乙未年，明年是丙申年，依據順序，逐年排列，今年乙未流年為吉，有諸般吉事。明年換成丙申為凶，則有各種惡事降臨。就個人而言，對於流年的轉換更換，根本可以說是無計可施。

　　不同於一般命理學，風水學是可以透過人為的操作，增加個人的運勢的一門玄學。因此，相較於其它各種的命理預測之學，風水學無疑更具有積極性與操作的可能性。此外，風水學的操作，比較起積陰德與讀書來說，並不需要非常長久的積累努力，依據理論操作，即可見到調整運勢的效果。但

由於風水的門派與風水師的水平不一,效果往往差別很大。

當然,如果當事人運勢太過凶惡,則調整效果會相對打點折扣。但只要找到好的風水師調整,必定能有調整運勢的作用。從這個角度來看,則風水學可以說是後天改運最積極的學問了,難怪自古以來的玄學大師,都著力於風水學研究與實務操作。

因此,在我為人八字論命的命書資料中提及改運一事,都會註明——改運方法有二,以風水調理效果最佳;其次則是透過上述服飾與顏色,配合八字五行做調理。從但配合八字五行,在服飾方面做調理,基本上只是想辦法,化解掉先天命格與後天大運流年所造成的部份煞氣,讓煞氣的作用不要完全發揮,這種調整運勢的方法當然是比較被動而消極的。

相較於此,則風水的調整,操之在我的成份較多,是比較主動而積極的方法。因此,我個人認為,在各項改運的方法當中,風水是後天改運的最佳利器。

二、看風水的最佳時機

委託人蔡小姐在我鑑定完這間房宅的風水後,由於房子的一些不良效應都已經出現,她決定轉手賣出,另覓吉宅。但要求我替她在居住期間,盡量調理風水,讓她住得安心。就在佈局完之後,蔡小姐提出了一個大家常問的風水問題。

　　「劉老師，如果要買屋換屋時，該在什麼時間點請老師來看風水？

　　還有，找房子時，能不能有什麼辦法可以縮小找尋範圍，比如說，可以先知道我個人比較適合的方位座向？」

　　「老實說，第二個問題在執行上有困難。因為看風水時必須先起出玄空飛星風水盤，而要起出風水盤，必須先知道建造時間與方位。」她聽了點點頭。

　　「但是，一般人的方位只知道東、南、西、北，以及東南、西南、東北、西北八個方位，而在風水上，一共細分成二十四個方位，一般人是無法掌握的！」我告訴她。「至於看風水的時機，這點倒是一般人可以掌握的。」

　　「那老師您詳細解說解說，我下次如果需要時，到底何時再請老師看風水比較好？」她問。這個問題常有人問起。就我多年的經驗來說，一般人看風水的時機，大致上可以分成以下幾種情形。

A、未購屋前

　　最佳的看風水時機，就是在看上某間房子，還沒購買之前。有些房子的風水太差，屬於丁財兩敗之宅。如果能在購買之前，先行請老師鑑定，就能避免購買到這種風水上的凶宅。

B、買房後裝潢前

次佳的看風水時機,是在買了房之後,還沒裝潢之前。因為房子的佈置與裝潢,會對風水有加分或減分的效應。舉例來說,這個地方是房宅煞氣所在的方位,卻將冷氣出風口設置在這裡,則每當冷氣一開動,就會引動這個方位的煞,對人造成不良的影響。其它比如說灶的設置方位,如果是在裝潢之前,風水師就能具體建議屋主,該設在哪個方位,比較有利!

C、裝潢後入住前

再次一級的時機點,就是房子已經裝潢好,或是舊房子不打算重新裝潢的情形下,在還沒入住之前,能夠針對房宅風水上的弊端,透過風水的佈局加以調理。

D、住了幾年之後

住了數年之後,風水上的效應陸續出現,比如說破財破得凶,常常財進財出,存不了錢,或是家人普遍睡眠品質不好,造成整家人都精神不濟。當屋主發現房子的風水不太好時,委請風水老師,針對房子的風水進行佈局調理,挽救局面。

E、住了不順利時

　　風水是透過人與房宅長時間的互動之後，所產生的影響。當入住某房子幾年之後，破了大敗，或是家人明顯健康出了大問題，甚至常常有人出事。，這時就屬於住了不順利，才請風水師看風水，這是最差的時機了。

　　「經過劉老師詳細解說之後，我懂了。如果有意要請您看風水，最好在看上房子還沒購買前，就請劉老師來看風水，這是最保險的一種作法了，對吧？」蔡小姐說。

　　「是的。如果決定要看風水，在時間上絕對是晚不如早！」我說。

　　「但每次看上喜歡的風水，就要請劉老師來一趟。有點太麻煩劉老師了！」她說。「是啊！老實說，主要是每次來台北，還得讓當事人貼補依路程所加收的費用，對當事人來說，也比較不划算。」見我說得直接，蔡小姐點頭笑了笑。

　　「依照我的經驗，是由當事人尋訪自己主觀上中意的房子，數量上多一點，然後約個時間，我一次來鑑定完，將每個標地物逐一看過後，以整體的風水格局打個分數，選擇最好的房子來購買，並進行風水佈局。這樣既符合經濟效益，又能掌握看風水的最佳時機。」我說。

　　蔡小姐聽了點點頭。過了約莫半年，她再次請我到台北，為她看上的幾間房子看風水。很幸運的，這當中有一間中古屋，確實是風水吉宅。於是在我的風水諮詢之下，她買了這間屋齡十多年的公寓，稍做裝潢之後，搬了進去。

三、買房子先看風水比較保險

　　說到買房子，一般人一定都會考慮地點、價格、機能等等條件。但老實說，當專職的風水師以來，看過不少地點與機能各方面，條件都不錯，但風水很糟的房子。誠心的建議想要買房子的人，先鑑定房子的風水再決定吧！看完這個新竹風水鑑定的實際例子，相信你也會認同這個說法！

　　這個例子是2017年一月的風水鑑定案子。地點在新竹市，位置都是在鐵道路上的幾個建案，這次一共有四間房子要我鑑定。委託人是曾先生二夫妻。曾先生特別提醒我，待會兒不要在仲介面前評斷房子好壞，以免影響他後續談價錢。我告訴曾先生，這點我瞭解，因為長期在做風水鑑定，我一定會私底下告訴委託人，風水鑑定的結果。這四間房子的風水鑑定結果如下：

A、

　　這棟建築物為亥山巳向（坐西北向東南）。整個單位於四樓，此單位的廁所位置不佳，這是一個大毛病。更重要的是，此單位開門於坎宮，門口所納的飛星組合為四二。

B、

　　這棟建築物坐向為坤山艮向（坐西南向東北）。整個單位，位於九樓，廁所與灶的位置不犯毛病。此宅開門於兌宮，

門口所納的飛星組合為四七。

C、

這棟建築物此宅坐向為申山寅向（坐西南向東北）。灶的位置犯毛病，必須在佈局上做調理。但是，此宅開門於離宮，門口所納的飛星組合為九六。

D、

這棟建築物坐向為坤山艮向（坐西南向東北）。整個單位，位於十樓，廁所與灶的位置不犯毛病。此宅開門於震宮，門口所納的飛星組合為三九。

以A宅的四二飛星組合來說，會產生「風行地，而硬直難當，室有欺姑之婦。」、「山地被風，還生瘋疾。」、「二逢四，咎當主母」等效應。用白話文來說，主要應在居住者精神狀態不佳，還有家中女主人與長女、媳婦不和。

以C宅的九六飛星組合來說，會產生「火燒天而張牙相鬥，家生罵父之兒。」、「火照天門，必當吐血。」等效應。主要應在肺部、腦部疾病外，還會出忤逆之子，發生父子失和之事。

風水鑑定完之後，我告訴曾先生，A宅與C宅屬於風水上的凶宅，決計不能買。除了財帛不佳之外，住進去之後，還會產生上述的效應。曾先生聽到這二間房子風水所引發的效應，也感到吃驚不已！

B宅則屬於風水普宅，老實說，分數不高，財帛不利，在人丁方面，則需要調理一番，但不會有A與C那種凶險的效應。四間房子當中，只有D宅，屬於風水吉宅。透過風水鑑定，我建議曾先生，購買D宅。

以這四間房子來說，由於相距不遠，所以地點與生活機能等等條件，都差不多。但是，風水好壞，卻是天壤之別，但一般人不具有專業能力，根本無法辨識風水好壞。而為了防止買到像A或C那樣的風水凶宅，誠心的建議你（妳），買房子之前，還是找個專業的風水老師鑑定鑑定吧！

（更多陽宅風水鑑定實例，請參見——「博士命理」網站）

四、創業成功四大要件

很多人在算命時，都會問一個問題，那就是比較上班來說，自行創業好不好？這個問題蠻複雜的，從命理的角度認真說起來，必須擁有四大要件。想創業的人不妨看看，你（妳）究竟掌握了多少？

一、內容

創業成功與否的首要條件，是創業的內容。舉例來說，命主（命盤的主人）五行最喜金，最忌火。他卻選擇賣鹽酥雞，鹽酥雞五行屬火，火要來剋金，創業的內容太不利，老實

說，要成功的機會很渺茫。

　　如果命主五行最喜火，最忌水。開餐廳、賣小吃、賣燒烤，這些五行屬火的項目他不選，但卻偏偏要去開咖啡館、賣飲料，這些項目五行都屬水。那他失敗的機率，就會非常非常高了。

二、時間

　　創業的時間點如果沒有選對，要成功非常困難。舉例來說，一個以地支寅木為用神的人，卻選在2016年初開始創業，那就極可能會失敗。為什麼？因為他選擇的時間點不好。

　　仔細來分析，2016是丙申年，2017是丁酉年。地支申與酉五行屬金，金要來剋損用神寅木，這二年就是最差的流年。所以，如果選在2016年初開始創業，必須經歷二年不順利的時間，很可能最後就做不下去，以失敗告終了。

　　「萬事起頭難」，選擇這樣的時間開始創業，只會「難上加難」。如果選擇創業的時間點是2018戊戌年，則這樣的流年運勢平平，六十五分吧，這麼說，最少不會是逆水行舟的局面。

　　當然，如果你選擇的是2019年開始創業，那會是更好的選擇。因為，2019己亥年，2020庚子年，2021壬寅年，2022癸卯年，這四年的流年，運勢不錯。因為，就流年的角度來看，2019己亥年與2020庚子年，地支的亥水與子水要來生用神寅木。2021壬寅年與2022癸卯年，地支的寅木與卯木要來扶助

用神寅木。

相較於2016年開始創業，接著二年（2017，2017），都是不利流年。你選在2019己亥年開始創業，則在這四年當中，順風順水的運勢，成功的機率肯定能大大的提昇！

三、人物

很多人在創業之初，都會有合伙人。這個要件，是針對需要合伙的人。如果你是獨資，當然就不必考慮這個問題。舉例來說，命主以丙火為用神，則透過八字先天命盤分析，可以得知他的貴人生肖屬蛇，小人生肖屬豬。你要創業，卻偏偏找一個生肖屬豬的人一起創業，也就是與你命盤中的小人合伙。

這會是什麼情形呢？與命中的小人合伙，往往容易產生許多在觀念上的不合，在合作過程中，充斥著磨擦與猜忌，最後一拍兩散，走向失敗。所以，在「人物」方面，也不可不慎。

四、風水

創業的時候，不論你要開設公司，或是作生意，公司與店面的風水，絕對是不可忽視的關鍵要件。

假設經營項目沒問題，合伙人是好的，創業的時機點也對。但卻選在一間「破財格局」的房子開店，那生意必然會受到房子風水的影響，老實說，會常常遇到阻力，一樣很難做得

起來。選擇一間財運方面格局上佳的房子做為公司或店面，更講究點，在風水佈局上用心調理，必能收到助力，讓創業之路走得更加順利。

　　你（妳）已工作多年？發展不怎麼樣？有創業的念頭？創業會比上班有更好的發展嗎？這一連串的問題，已經在你心中盤旋多時？奉勸你（妳），先別急！自行創業是一件人生大事，先靜下心來分析分析，內容、時間、人物、風水這四大要件，缺一不可。想創業前，請先認真想想，（妳）掌握了幾項？

五、風水與八字生肖坐向問題

　　常常有人透過信件或打電話，詢問有關於陽宅風水吉凶，與居住者八字的問題，還有陽宅風水與生肖、適合坐向之間的關係，透過這篇文章，在此一併詳細解答這類的疑問。

　　常常有人，透過信件或打電話，詢問有關於陽宅風水吉凶，特別是有關內部格局，以及房宅坐向的問題。以下就是其中的幾封信件：

信件一

　　劉老師好：

　　剛買了房子，想請您到現場，依據我兩夫婦的八字做房

子內部格局做建議，進行風水佈局。

信件二

老師您好：

我住在台北內湖區，最近想買房子，找尋多時，夫妻倆看上了一間公寓，請了一位懂風水的長輩，幫我們鑑定風水吉凶，他說這間房子是「旺妻不旺夫」，對我老婆來說是風水吉宅，但是對我來說卻只有四十分。

他說這種「旺妻不旺夫」的風水格局，除非登記在老婆名下，不然這間房子不能買，我最近看了劉老師網站上的風水文章，也買了老師的風水書，請問老師，長輩的這種說法有根據嗎？真的是這樣嗎？

信件三

老師好：

最近想買房，我是1980年生，生肖屬猴，我太太1981年生，生肖屬雞。二個小孩，分別是大兒子生肖屬豬，女兒生肖屬虎。四個人的生肖都不同。

我查了網路上的相關資料，好像每個生肖，所適合的房子坐向都不太一樣，請問我應該要以誰為依據？有沒有那些適合我們家購買的坐向？或者那些坐向是我們應該避免購買的？

信件四

　　劉老師好：

　　我是1984年出生的，之前曾經算過命，算命老師說我適合坐向是坐北朝南與坐東北向西南的房子。而以我太太的八字命盤，適合的坐向是坐西向東，還有坐西北向東南的房子。

　　請問劉老師，如果房子要登記在我太太名下，是不是應該要找適合她的坐向，也就是要找坐西向東和坐西北向東南的房子比較好？但是這種坐向的房子會不會對我造成不利？

　　以上的幾封信比較具有代表性，可以大致反映出，時下許多人，對於風水學的誤解。八字命理學與風水學，這是二門不同的學問。說到底，八字學與風水學，各自有其嚴整的學理，二者不可混為一談，當然也就不存在誰為依據，誰為附庸的問題。所以，沒有所謂依據居住者的八字，來規劃風水內部格局的問題。

　　舉實際的例子來說明，你可能更容易理解。就一個八字喜木的人來說，假設他在家中的財位，擺放木雕的「大筆」或是盆栽，一樣會造成破財，這是風水學的問題，與八字無關！再者，利用生肖或是出生年份，乃至於八字命盤，來定位風水吉凶，判定坐向適不適合的方法，根本就是錯誤的！

　　風水的吉凶判斷，有風水學上一整套的嚴格標準，而且必須現場量測判斷，無法紙上談兵，更與當事人的生肖或命盤無關。此外，一間房子的風水好壞，有其本身的吉凶分數，與居住者之間，差異性不大。所以，類似「旺妻不旺夫」、

「旺夫不旺妻」等等的說法，都是對風水學瞭解有限，似是而非的謬論。

一間風水八十多分的吉宅，斷不可能你來住有八十多分，對你的另一半卻只值四十五分。反之，若是風水凶宅，絕不可能他住是凶宅，你住進來卻會變成丁財兩旺的吉宅！不同的人會有不同的影響，但那只是微幅的差異，不會影響房宅吉凶的整體判斷。所以風水吉凶的鑑定，是以房宅本身的好壞來斷定。

舉例來說，假若這是一間風水八十分的吉宅，你來住值八十分，對你太太而言，相對差一點，可能值七十六分，對你小孩來說，更好一點，可能值八十三分，人的不同只是分數上的些微差距，對風水吉凶的大局判定，並無決定性的影響。

（更多陽宅風水鑑定實例，請搜尋——「博士命理」網站）

希望通過以上的詳細分析，能夠讓大家對風水學有一個比較正確的認識，導正時下一些似是而非的誤解！

六、陽宅風水佈局的加分與扣分

為人風水佈局多年，有一個很深的感觸，那就是房子主人所購買的風水開運化煞物，多半為整體的風水佈局扣分，而非加分。尤其是那些愛看電視風水節目的屋主，這種情形特別明顯。今天就來說一個的實際案例。

　　屋主是台中的王女士，位置是台中市朝馬車站附近，屬於大樓的形式，王女士住在一、二樓，有自己獨立的樓梯可供進出。由於王女士本人，非常喜歡看電視上的各種風水命理節目。房子裡的風水開運物可以說琳琅滿目，有些東西縱使像我這種命理專業人士，為人風水佈局多年，都沒看過呢！

　　舉例來說，王女士的房間放了一個泥偶，泥偶的形象是二個體態圓潤的、有點年紀的男人與女人，男人抱著女人。據王女士說，這個泥偶可以增進夫妻之間的感情。真是令我大開眼界。

　　仔細考察完整間房宅，發現王女士這間房子，原本的整體格局，還算不錯，屬於中上格局。問題出在開運物的佈置上！在佈局上犯了不少毛病，其中要算以下的二項最為關鍵。

　　首先，在房子的財位方，王女士放上了二張，她老公精心挑選的、價值不菲的檜木太師椅，中間有一茶几，上面放了一盆盆景。八運的財星五行屬土，這太師椅與盆景，五行屬木，這種佈局，等於直接剋傷了財星！

　　我詢問王女士，這太師椅與盆景的佈置，有多久時間了，她仔細想了想，約莫三年多一點的時間，這是她老公非常喜歡的二張椅子，盆景是她自己喜歡，買回來佈置的。

　　「這三年來，家中的財運肯定比以前差。整體上來說，屬於財來財去，錢財留不住的情形。」我斷言。只見王女士沈吟了一會兒，點點頭。「難道是跟這太師椅與盆景有關？」她疑惑的問。雖然看了很多風水節目，王女士對於風水學還是只懂得一些皮毛。我將佈局損傷財星的五行生剋制化道理，詳

細解釋給王女士聽，她才慢慢瞭解，這些厄運是由自己的佈置所帶來的。

接著，我指著家中一個半人高的紫晶洞，直接說「自從妳家進了這個紫晶洞之後，家人的健康肯定開始走下坡了，睡眠品質變差了！」「家裡面現在主要住著我和先生二人。這個紫晶洞放了一年多了，這些時間以來，確實休息品質變差，人變得比較沒精神了。」她稍微停頓了一下繼續說。「我先生一向身體不錯，但半年多前，膝蓋不舒服了一陣子，醫生說是有積水，後來安排開刀，開完刀之後，現在爬樓梯多了都會有點不適，變天時會感覺到酸痛！難不成是跟這個紫晶洞有關？」她露出了驚訝的表情。

「是的。因為妳的紫晶洞就不偏不倚放在病符星的位置。病符星的五行屬土，紫色屬火，晶洞五行屬土。因此，紫晶洞這個火土結構的東西，都源源不斷的增加了病符星的氣數，導致這樣的效應產生。」我詳細的解說讓她瞭解。「原來這些東西這麼凶惡！真是難以想像。」她說。

不由得她不信，因為這些凶惡的效應都已經呈現在現實生活上了。其實，認真說來，並不是東西的問題，而是恰好擺錯了方位，引發了凶煞之氣。在這個實例當中，太師椅與盆栽的佈置，破了風水上的「財」。紫晶洞的佈局，破了風水上的「丁」。

於是，一間房整體格局還算不錯的陽宅。由於女主人喜歡看電視上的風水節目，然後按著操作，胡亂佈局，扣了不少的分數。導致「丁」「財」雙敗的結果！

七、五帝錢還是六帝錢比較好用？

在陽宅風水佈局調理上，該用五帝錢還是六帝錢效果比較好？為什麼？其實這當中都有風水學理上的依據。只要看完本文的詳細分析，相信你一定能徹底明白！

上星期，一位來自新北市的袁先生，來到博士命理進行八字論命，由於袁先生已經三十多歲，至今仍然未有對象，問我有沒有什麼辦法，讓他增加異性緣。於是我將風水學上招桃花的方法，詳細解釋給他聽，讓他回家之後，依法操作。

袁先生的生肖屬豬，桃花位在正北方，我吩咐找出房宅的中心點，再將指南針放在中心點位置，利用指南針指出房宅的正北方，並要他買一個黑色花瓶以及一朵玫瑰花放在這個地方，進行招桃花的佈局。

袁先生回家之後，打電話來詢問，說他一時之間，找不到黑色的花瓶，請教我可不可以用其它顏色的花瓶來代替。關於這點，我明確的告訴袁先生，不能用其它顏色的花瓶，否則效果會大打折扣！道理何在？因為正北方為坎宮，坎宮五行屬水，顏色為黑色，其數為一。所以，必須要用黑色花瓶，擺放一朵玫瑰，效果比較好。

回到五帝錢與六帝錢的問題，道理亦相同。不論是五帝錢或是六帝錢，其五行屬金，一般來說，金是用來化解有關土的煞氣，比如說，二黑病符星五行屬土，找到病符星的位置，放上五帝錢或六帝錢，就能化洩二黑病符星的煞氣。

　　然而，在陽宅風水佈局調理上，到底該用五帝錢還是六帝錢效果比較好？大部份風水師都認為效果差不多，那是因為他們不懂其中的差別何在。事實上，要解答這個問題，還是必須根據風水學理！

　　風水調理佈局，不外乎陰陽五行生剋制化之理。在實際的操作上，首重五行的材質。其次才是材質的顏色與數目。當然，最好同時兼具以上條件，才能達到最佳佈局或化煞效果！

　　以五帝錢與六帝錢那一個效果好的問題來說，當然，二者的材質與顏色都一樣，唯一不同的就是數目了。在風水學上，五數屬土，六數屬金。由於五帝錢或是六帝錢，是用來金化解有關土的煞氣，所以，六帝錢的效果，當然要勝於五帝錢了！

八、九大風水招財開運物效果評比

　　一般人常用的風水招財開運商品，大致不外以下幾種，包括發財樹，鹽晶燈，招財貓，聚寶盆，風水輪，魚缸，財神，三腳金蟾蜍，水晶，本文就要針對以上這九大風水招財開運商品的招財效果，做一個評比。這個問題，必須重點考量以下三個因素。

　　首先，風水經典《青囊序》云：「山管人丁水管財，此是陰陽不待言。」《青囊序》又云：「山靜水動晝夜定，水主財祿山人丁。」故而在風水學理上，山管人丁，水管財祿。

因此，想要調整、調動，甚至催旺財祿時，則與水有關之招財物，效果會相對比較好。因此，不論是風水輪還是魚缸（這兩者都屬於「動態的水」），在風水的招財佈局上，效果是最好的。

其次，帶風水佈局的實際操作上，動態的東西，調動氣場的作用能力，一定大於靜態的事物，簡單地說，就是動能的事物能量大於靜態的事物。因此，以招財貓來說，手擺動的招財貓，能量必定大於靜止的招財貓，因此，招財效果會比較好。

最後，要考慮招財物的五行屬性。八運的財星五行屬土，火能生土，土能助長土的能量，因此，火與土都是增旺財星氣數的力量，反之，金會洩土，木會來剋土，這些都是減損財星氣數的五行。

以九大風水招財開運商品來看，則發財樹五行屬木，最為不利。其次，如果三腳金蟾蜍五行屬金，也不好。陶瓷製的招財貓比金屬製品好。陶瓷製的財神，招財效果要比金屬製或木製的財神要好。同樣的道理，聚寶盆為陶製品，五行屬土，但聚寶盆中所放置的物品屬性，也會影響招財效果。在聚寶盆中放入各色土製金元寶，效果會比金屬金元寶或是錢幣，效果要來得更好一些。

而鹽晶燈與晶洞、聚寶盆，雖然三者五行同屬土，但鹽晶燈可以通電，動能較強，而且通電之後，電五行屬火，火可以生土，助長財星氣數，因此，三者之中，要以鹽晶燈效果最優。

　　風水佈局實在可以說是後天改運的最佳利器。經過本文的詳細分析，相信你一定能夠瞭解，這九大風水招財開運商品，各自的招財效果如何了吧！下次選購風水招財開運商品，就肯定不會買錯了。

「博士命理」聯絡方式：

地址：苗栗縣頭份鎮銀河三街20號

電話：037-683605

網址：www.ijfate.com

國家圖書館出版品預行編目(CIP)資料

博士教你精算風水吉凶 / 劉謹銘著 -- 初版. --
苗栗縣頭份鎮 : 劉謹銘, 2015.08
面； 公分

ISBN 978-957-43-2716-4 (平裝)

1. 相宅 2. 命書

294.1   104015728

博士教你精算風水吉凶

發　　行　劉謹銘
主　　編　劉謹銘
出 版 者　劉謹銘
校 對 者　林美玲
地　　址　苗栗縣頭份鎮銀河三街 20 號
電　　話　037-683605　0978-170198
網　　址　www.ijfate.com

排版‧印製　淵明印刷有限公司
地　　址　23449 新北市永和區福和路 164 號 4 樓
電　　話　02-89255555
傳　　真　02-89255168

初　　版　2015 年 8 月
增訂一版　2018 年 5 月
定　　價　新台幣 300 元整
I S B N　978-957-43-2716-4 (平裝)